W0175163

rowohlts monographien
begründet von Kurt Kusenberg
herausgegeben
von Wolfgang Müller und Uwe Naumann

Carl von Clausewitz

mit Selbstzeugnissen
und Bilddokumenten
dargestellt von
Dietmar Schössler

Rowohlt

Dieser Band wurde eigens für «rowohlts monographien» geschrieben
Den Anhang besorgte der Autor
Herausgeber: Wolfgang Müller
Redaktionsassistenz: Katrin Finkemeier
Umschlaggestaltung: Walter Hellmann
Vorderseite: Carl von Clausewitz. Lithographie von Franz Michaelis
nach dem Gemälde von Wilhelm Wach; um 1830
(Archiv für Kunst und Geschichte, Berlin)
Rückseite: «1tes Beispiel einer Vorposten Ausstellung der alliierten
Armee bei Minden 1759». Aus: Carl von Clausewitz: Vorlesungen über den
Kleinen Krieg. In: ders.: Schriften – Aufsätze – Studien – Briefe
(Foto: Universitätsbibliothek Münster)

Veröffentlicht im Rowohlt Taschenbuch Verlag,
Reinbek bei Hamburg, August 1991
Copyright © 1991 by Rowohlt Taschenbuch Verlag GmbH,
Reinbek bei Hamburg
Satz Times (Linotronic 500)
Gesamtherstellung Clausen & Bosse, Leck
Printed in Germany
ISBN 3 499 50448 9

2. Auflage Mai 2005

Inhalt

Carl von Clausewitz. Gemälde von Wilhelm Wach, 1830

Vita activa

Im Ancien régime

Herkunft und Jugendjahre

Es kennzeichnet revolutionäre Übergangsepochen, daß auch und gerade die individuellen Lebenswege das krisenhafte und identitätsgefährdende Geschehen oftmals in banal erscheinenden Kleinigkeiten widerspiegeln. So vermittelt der Blick auf die Lebensgeschichte des Carl von Clausewitz gerade dort überraschende Probleme, Unklarheiten und offene Fragen, wo man einfache und klare Verhältnisse erwartet: Bis an sein Lebensende bewegte sich der Verfasser eines der wirkungsmächtigsten Werke des 19. Jahrhunderts, ein Autor, dem von der heutigen internationalen Forschung die Qualitäten eines Montesquieu und Kant zuerkannt werden, im dumpfen Umfeld einer Gesellschaft, die ihm ganz offensichtlich eine lebensbegleitende Frage nach seiner Identität aufpreßte. Um was es hierbei ging, und dies ist nur für heutige Auffassungen eine Belanglosigkeit, hat er in Briefen an seine Verlobte enthüllt. Clausewitz schreibt seiner späteren Frau, der um ein Jahr älteren Marie Gräfin Brühl, einer Enkelin des bekannten sächsischen Premierministers Heinrich Graf Brühl aus der Zeit des Siebenjährigen Krieges: *Nachdem ich mir es recht überlegt habe, liebe Marie, scheint es mir besser, den neulich angefangenen Gegenstand der Unterhaltung jetzt gleich schriftlich zu beendigen. Unangenehm ist er mir nur dann, wenn ich mich nicht ganz darüber aussprechen kann... Hier also mein ganzer Ursprung. Mein Vater stammt aus einer adligen oberschlesischen Familie ab, von welcher der letzte bekannte Edelmann am Ende des siebzehnten Jahrhunderts in Jägerndorf lebte, vermutlich in durch den Dreißigjährigen Krieg zerrütteten Umständen. Seine Kinder scheinen zu dem bürgerlichen Stande übergetreten zu sein; denn mein Großvater war Professor in Halle (wo mein Vater mit Struensee aufgewachsen ist) und machte von seinem Adel, wie in Deutschland unter solchen Umständen immer geschieht, gar keinen Gebrauch, sowie seine ziemlich zahlreichen Söhne, die, mit einer guten Bildung versehen, in der Folge sämtlich ehrenvolle Zivilbedienungen bekleideten, an den Adel aber nicht weiter dachten. Bloß mein Vater, der Jüngste von allen, war andersgesinnt.*

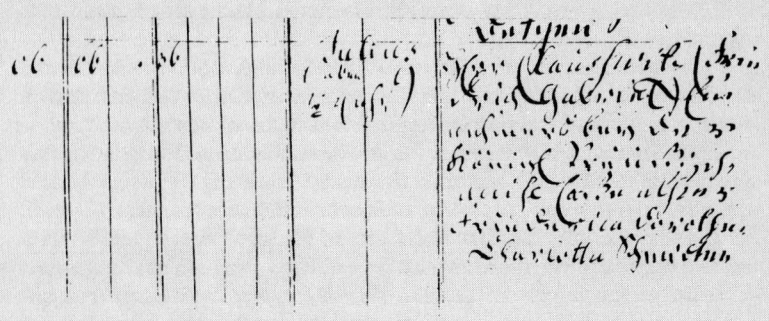

Eintrag im Taufregister der evangelischen Kirche Unser Lieben Frauen, Burg

Er wollte die alten Rechte nicht ganz verjähren lassen, schrieb an Friedrich den Großen, stellte sich ihm als Edelmann dar und bat um eine Anstellung im Militär, wozu er überaus geeignet war. Er wurde vom Könige wirklich im Regiment Prinz Nassau angestellt, machte den Siebenjährigen Krieg mit und wurde am Ende desselben vor Kolberg an der rechten Hand schwer verwundet, worauf er den Militärdienst verlassen mußte und vom Könige eine Zivilversorgung von geringen Einkünften erhielt, wie einem jungen Offizier zukommt. Er heiratete die Tochter eines wohlhabenden Beamten und gab der Welt sechs Kinder, worunter vier Söhne... Der Älteste derselben sollte studieren, und in einem frommen Eifer meiner guten Mutter, Theologie. Er endigte seine Studien mit Glück; aber er hatte einen solchen Widerwillen gegen seinen Stand, daß er, zu alt für den Soldatenstand, in die bürgerliche Zivilverwaltung überging... Bei uns anderen drei Brüdern ließ mein Vater sich das Vorrecht der Entscheidung nicht nehmen... Er schrieb an den König, der uns einen nach dem anderen in der Armee anstellte... Wir drei jüngsten Brüder sahen uns also als Edelleute in der Armee angestellt, und zwar mein dritter Bruder nebst mir in einem Regimente (Prinz Ferdinand), in welchem nur Edelleute dienen konnten. Da wir nun Verwandte hatten, die nicht Edelleute zu sein schienen, so mußte das natürlich die Besorgnis erwecken, daß, wenn man hier und da zufällig auf dies Verhältnis stieße, man uns für Usurpatoren halten könnte. Diese Idee war unaussprechlich unangenehm für uns; denn wir fühlten wohl, daß kein betrügerischer Blutstropfen in uns war... Ich gestehe, daß die Idee, für einen Usurpator, für einen Glücksritter genommen zu werden, die Idee des Verdachtes, daß

8

ich meiner Verwandten mich schämen könnte... mir stets wie ein spitziger Pfeil tief ins Herz gedrungen ist und mir eine unaussprechlich unangenehme Empfindung erzeugt hat.[1]*

Dieser am 13. Dezember 1806 geschriebene Brief ist in mehrfacher Hinsicht ein aufschlußreiches Dokument. Er wurde kurz nach der entscheidenden Niederlage Preußens bei Jena und Auerstedt verfaßt. Er gibt einen guten, gerafften Überblick über den Familienhintergrund des Schreibers – und er ist, leider, in vielen Punkten unaufrichtig.

Schon das Geburtsdatum bereitet Schwierigkeiten. So wurde bislang einhellig im Glauben an Clausewitz' eigene Angaben angenommen, daß sein Geburtstag der 1. Juni 1780 sei. Auch auf dem Grabstein ist dieses Datum zu lesen. Clausewitz selbst schreibt am 2. Juni 1807 aus der französischen Gefangenschaft an Marie: *Es war gestern, den 1. Juni, an meinem Geburtstage, als ich Deinen lieben Brief erhielt und das allein konnte mich daran erinnern; denn bei meinem schlechten Gedächtnisse bin ich mehr als einmal nahe daran gewesen, ihn ganz zu vergessen. Aber seit meinem Eintritte in die Welt bin ich gewohnt, diesen Tag oft durch etwas Glückliches bezeichnet zu sehen. Im 12. Jahre vertauschte ich an diesem Tage das wollene Feldzeichen mit dem silbernen, im 13. wurde ich vor Mainz Offizier, im 14. befand ich mich in einem heftigen Gefechte in einer bösen Lage, aus der ich glücklich entkam...* Diese Zeilen lesen sich heute anders, nimmt man den 1. Juli als das korrekte Geburtsdatum an.[2] Das schlechte Gedächtnis hatte einen Grund – vermutlich wollten die Eltern den Jungen

* Die hochgestellten Ziffern verweisen auf die Anmerkungen S. 137 f.

älter erscheinen lassen, um ihm als Zwölfjährigen den Eintritt in die Armee zu ermöglichen.[3]

Prekär gestaltet sich für Carl auch das Verhältnis zu seiner Familie, insbesondere zur väterlichen Seite. Der Vater, Friedrich Gabriel Claußwitz, ist Sohn eines Gelehrten; Carls Großvater, Benedict Gottlob Clauswitz, war Theologe an der Universität zu Halle an der Saale. Er war mit zumeist in lateinischer Sprache verfaßten Büchern hervorgetreten und darf als zu seiner Zeit weithin bekannter protestantischer Gelehrter bezeichnet werden. Interessanterweise verschweigt Carl in seinem Brief an Marie vom 13. Dezember 1806 diese theologische Herkunft seiner künftigen Braut gegenüber. Er sucht statt dessen eine kontinuierliche Linie herzustellen zwischen der *adligen oberschlesischen Familie*, Wechsel zum bürgerlichen Stand nach den Wirren des Dreißigjährigen Krieges und dem Wiederanknüpfen des Vaters an die eigentliche, adlige Bestimmung: den Offiziersstand. Aus der Sicht Carls hatte der Vater die *alten Rechte* erfolgreich bei Friedrich dem Großen geltend machen können. Am Ende des Siebenjährigen Krieges sei er wegen einer schweren Verwundung in eine zivile Versorgungsposition entlassen worden und habe dann die Tochter eines wohlhabenden Beamten geheiratet. Tatsächlich war der Vater, wie wahrscheinlich die meisten bürgerlichen Offiziere, am Ende des Siebenjährigen Krieges entlassen worden, weil der Staat nunmehr die in der Krise so dringliche Ergänzung der adligen Offizierskader aus dem Bürgertum nicht mehr benötigte.[4] Offiziere bürgerlicher Herkunft landeten in drittrangigen Garnisonsbataillonen oder wurden in den zivilen Verwaltungsdienst versetzt. In der Stammrolle seines Regiments wurde der Vater Carls unter den Nichtadligen geführt.[5] In den Verwundetenlisten taucht er allerdings nicht auf. Friedrich Gabriel erhielt den Posten eines Steuereinnehmers in dem Städtchen Burg bei Magdeburg. Hier heiratete er Friderike Schmidt, die Tochter eines mittleren Beamten. Über den Familienhintergrund der Mutter ist wenig bekannt. Friderike war die Tochter des Amtsmanns Christian Schmidt aus Schricke bei Wolmirstedt, einem kleinen Ort etwa 15 Kilometer von Burg entfernt. Es ist kaum anzunehmen, daß der Amtmann Schmidt zu den wohlhabenden Bürgern gerechnet werden konnte. Peter Paret meint, daß der Vater Schmidt auch eine Art ländlicher Gerichtsvollzieher gewesen sein könnte.[6] Aus der Ehe gingen zwei Töchter und vier Söhne hervor. Fünftes Kind und jüngster Sohn war Carl Philipp Gottlieb, geboren nicht am 1. Juni 1780, sondern erst am 1. Juli dieses Jahres. Im Taufregister erscheint unter dem 9. Juli 1780 der Name Carl Philipp Gottlieb, Sohn des Bürgerlichen Friedrich Gabriel, dessen Beruf mit «Einnehmer bei der Königl. Preußischen Accise Caße allhier» eingetragen ist.[7] Ein «von» ist beim Namen des Vaters nicht vermerkt.

In unserer Zeit, die allmählich die philosophische und politische Bedeutung des Werks von Clausewitz erkennt, erscheint das Bestreben des jungen Carl Philipp Gottlieb, sich ausgerechnet von seiner bürgerlich-wissenschaftlichen Familientradition loszusagen, nur dann unbegreiflich, wenn man sich nicht vor Augen hält, daß bürgerliche Wissenschaft und adliges Militärwesen im Preußen des 18. Jahrhunderts zwei unvereinbare Welten darstellten. Es wird schließlich, den reformerischen Mühen eines Scharnhorst und eines Clausewitz zum Trotz, geradezu ein deutscher Sonderweg bis in die Katastrophen der beiden Weltkriege hinein bleiben, Geist und Macht für getrennte Sphären zu halten. Deshalb kann es hier nur von biographischem Interesse sein, auf diesen bürgerlich-protestantischen Bildungs- und Wissenschaftshintergrund Carls von Clausewitz hinzuweisen. Denn dieser macht immerhin plausibel, daß ein junger Offizier, der die ihn prägenden Jahre in entlegenen Garnisonen oder im Kriegseinsatz verbrachte, in geradezu naturwüchsiger Weise sich als politischer Denker entfalten konnte. Doch der junge Clausewitz wird sich dessen kaum bewußt gewesen sein. Für ihn war der Pietismus, in dessen Zentrum Halle der Großvater gelehrt und publiziert hatte, wie überhaupt jede religiöse Aktivität bedeutungslos. An deren Stelle tritt der Staat: Aufstieg, Katastrophe in den Revolutionskriegen und Wiederaufstieg Preußens in den nationalen Befreiungskämpfen bezeichnen den emotionalen und geistigen Brennpunkt Carls von Clausewitz. Hierin ist er Kind seiner Zeit und Mitglied einer sozialen Institution, in der er nahezu sein gesamtes Leben verbrachte.[8]

Drei Söhne des wegen seiner bürgerlichen Abstammung in die zivile Verwaltung abgeschobenen Friedrich Gabriel Claußwitz sind in die Armee eingetreten mit den Adligen vorbehaltenen Privilegien: vor Carl die um neun bzw. sieben Jahre älteren Brüder Carl Friedrich und Wilhelm Benedikt. Wie Friedrich Doepner berichtet, hatte der Vater Anfang 1786, noch zu Lebzeiten König Friedrichs II., für einen seiner Söhne, vermutlich Carl Friedrich, die Einstellung als Gefreiterkorporal – und damit als Offiziersanwärter – beantragt. Der König hatte dies abgelehnt; der Sohn solle «von unten auf zu dienen anfangen». Ein dreiviertel Jahr später, Friedrich II. war am 17. August 1786 gestorben, wird der älteste Bruder, der damals sechzehnjährige Carl Friedrich, als «von Clausewitz» und Gefreiterkorporal eingestellt. Bei dem um zwei Jahre jüngeren Bruder Wilhelm Benedikt verläuft die Angelegenheit einfacher: Das Infanterie-Regiment No. 34 (Prinz Ferdinand) in Ruppin wird von Oberstleutnant Gustav Detlof von Hundt kommandiert. Die Frau des Regimentskommandeurs, Juliane Friderike, verw. Clausewitz, geb. Kirste, ist Wilhelms Großmutter, die als junge Witwe des Hallenser Theologieprofessors dann den Offizier von Hundt geheiratet hatte, der Kommandeur mithin sein Stiefgroßvater. Im Frühsommer 1792 folgt ihm der noch nicht zwölfjährige Carl und tritt in dasselbe Regiment ein. Inzwischen war von Hundt versetzt worden, doch dürfte sein Einfluß noch ausgereicht haben, auch Carl den Zutritt als Adliger in das Regiment zu ermöglichen.[9] Carl bestätigt diesen Einfluß indirekt, wenn er am 13. Dezember 1806 an seine künftige Frau schreibt, daß wir *drei jüngsten Brüder uns also als Edelleute in der Armee angestellt* sahen. Er ist jedoch zumindest mehrdeutig, wenn er im selben Brief bemerkt, der Vater habe *an den König geschrieben, der uns einen nach dem anderen in der Armee anstellte.* Dies war nicht unter Friedrich II., sondern erst unter dessen Nachfolger, Friedrich Wilhelm II., geschehen.

Wenn ein Jugendlicher mit gerade zwölf Jahren bereits seine spätere berufliche Position durch Eintritt in die hierfür vorgeschriebene Laufbahn anvisiert, kann man die davor liegende Schulzeit eher als Episode denn als prägenden Bildungsgang kennzeichnen. In Anbetracht der damaligen Verhältnisse im öffentlichen Bildungswesen muß man gleichwohl von einer normalen Schulbildung des jungen Carl sprechen: Die städtische Schule von Burg befand sich, Peter Paret zufolge, auf dem Tiefpunkt ihrer Entwicklung. Sie beherbergte in drei Klassen rund siebzig Schüler zwischen sechs und sechzehn Jahren. Unterrichtet wurde Elementares in Grammatik und Arithmetik, immerhin auch ein wenig Latein. Vorbild für den Lehrplan der städtischen Schule in Burg war die Heckersche Realschule in Berlin. Sinn und Zweck dieses Modells war es, den Söhnen aus nichtakademischen Familien des Bürgertums die Grundlagen für spätere kaufmännische Berufe sowie für die unteren Verwaltungslaufbahnen zu vermitteln.[10]

Die Begabtesten unter den Absolventen dieses Schultyps konnten darüber hinaus Dorfschullehrer werden. Noch zur Zeit des jungen Carl besserten sich die Verhältnisse an der Schule in Burg: Weitere Lehrer wurden eingestellt, die Zahl der Klassen wurde verdoppelt, außerdem das Fächerangebot für die oberen Klassen erweitert. Vermutlich erlernte Carl dank dieser Maßnahmen auch noch die Grundlagen des Französischen, der damaligen Wissenschafts- und Gelehrtensprache. Später wird er in französischer Internierung die Gelegenheit wahrnehmen, seine Französisch-Kenntnisse zu vervollkommnen. Doch man kann insgesamt kaum von einer wirklich soliden Schulbildung sprechen, die Carl zuteil wurde. Auch das gesellschaftliche Umfeld der Familie trug zu seiner Bildung nichts Wesentliches bei, handelte es sich doch um honorige, militärische und zivile Beamte einer kleinen preußischen Provinz- und Garnisonsstadt.

In der Armee

Der frühzeitige Eintritt der drei Clausewitz-Brüder in die Armee bedeutete keineswegs ein liebloses Abschieben überzähliger Kostgänger der Familie. Militärische Laufbahnen begannen schon im zarten Alter. So ergab eine Analyse von 130 zeitgenössischen Generalskarrieren, daß allein 85 spätere Generale im Alter zwischen zwölf und vierzehn Jahren als Offiziersanwärter in die Armee eingetreten waren, weitere dreizehn waren bei Eintritt sogar erst zwischen neun und elf Jahre alt.[11] Auch kann im Fall der Clausewitz-Brüder keineswegs von einer geringen oder – nach heutigen Maßstäben – fast fehlenden Bildungsgrundlage gesprochen werden. Seit dem Siebenjährigen Krieg und nicht zuletzt durch Friedrich II. selbst gefördert begann sich allmählich das Bewußtsein zu verbreiten, daß Bildung nicht nur für Handel und Gewerbe, sondern auch für die Armee grundlegend sei. Mit der rudimentären Existenz erster kriegswissenschaftlicher Bildungseinrichtungen war jedoch auch ein Abwehrgedanke verknüpft: Das Ancien régime fühlte sich durch die immer revolutionärere Töne anschlagende bürgerliche Aufklärung mehr und mehr bedroht und wollte in eigenen Adelshochschulen und ähnlichen Anstalten eine dieser Herausforderung auch intellektuell gewachsene Gesellschaftsschicht heranbilden. Carls Lehrer Gerhard Johann David von Scharnhorst sollte von diesen ersten Anfängen einer Bildungsreform profitieren.[12] Selbst von nichtadliger, bäuerlicher Herkunft war er im Kurfürstentum Hannover an einer jener kleinen Ritterakademien herangebildet worden, wie sie damals an vielen Orten – zum Beispiel in Siegen, Kassel, Kolberg – gegründet oder ausgebaut worden waren. Doch die Masse der Offiziere bis in die höchsten Ränge hinein blieb von diesen Anstrengungen nahezu unberührt. Lediglich die Artillerie nahm immer schon eine gewisse Sonderstellung ein: Das Artilleriewesen hatte stets den Charakter einer Zunft gehabt, und Modernisierungen fanden zunächst vor allem bei dieser Waffengattung statt. Deshalb sind die Artillerie-Schulen die ältesten militärischen Bildungsanstalten. Wenn überhaupt theoretisches Wissen Eingang in die Armee fand, dann vor allem die für die Artilleriekunde benötigte Mathematik – wobei dieses enggefaßte militärische Bedürfnis zugleich auch dem Zeitgeist nahekam: «Wenn der eigentliche Festungskrieg unter Friedrich dem Großen... mehr in den Hintergrund trat, so spielten die Lehre von den Feldbefestigungen und die Theorie der Artillerie, beide rationaler Behandlung zugänglich, eine um so größere Rolle. Die taktischen Bewegungen waren nach quantitativen Einheiten von Ort und Zeit meßbar, und endlich auch die Strategie war stärker als je vorher von einem rechenhaften Geiste durchdrungen.»[13]

Im Frühsommer 1792 trat Carl von Clausewitz also in das renommierte Infanterie-Regiment No. 34 ein, dessen Chef der Bruder des späteren Königs Friedrich Wilhelm III., Prinz Louis Ferdinand, war. Der Vater präsentierte in Potsdam den jungen Carl dem diensthabenden Regimentskommandeur. Über diesen entscheidenden Tag in seinem Leben schreibt Carl am 18. Mai 1821 aus Potsdam seiner Frau: *Daß Potsdam allerhand ernste und trübe Töne in mir anklingen läßt, bin ich schon gewohnt; es war von jeher so und ist auch ziemlich natürlich, weil ich mich stets fremd und allein darin fühle. Ich habe das Haus wiedererkannt, in dem ich mit mei-*

nem Vater wohnte, als er mich vor 29 Jahren zum Regimente führte. Nicht ohne die höchste Rührung und Dankbarkeit gegen die Vorsehung habe ich an alles Glück denken können, war mir seitdem geworden ist, und wozu diese Reise den ersten Stein gelegt hat. Aber ich habe auch von der anderen Seite noch die allerdeutlichste Vorstellung von den schwermütigen Empfindungen, die vorzüglich damals mein Herz umlagerten und mich eigentlich nie ganz verlassen haben. Der Schreiber ist sich durchaus beider Aspekte seines Lebenslaufs bewußt, des glückhaften wie auch des schmerzhaftbedrückenden; es leuchtet deshalb nicht ein, wenn viele Biographen Nachdruck auf das Trübe und Depressive legen, wobei sie dies allenfalls durch selektives Zitieren aus der Clausewitz-Korrespondenz oder aber durch zeitgenössische Meinungen belegen können. In demselben, fast schon auf das Leben rückblickenden Schreiben beteuert überdies der Vierzigjährige, daß ihm *das Glück im Leben so oft gelächelt habe, daß ich es nachgerade als ein Unterpfand zu betrachten mich gewöhne.* Aber auch diese Beteuerung wird von Clausewitz im selben Satz wieder ausgewogen, indem er nochmals auf jene trüben Empfindungen verweist, von denen er nicht loszukommen glaubt. Man muß auch hier den Autor in der Fülle seiner Gefühle und seiner Lebensauffassung sehen, jede eingeengte Sicht wirkt verzerrend und verfehlt das Verständnis des ganzen Clausewitz.

Erste Kriegserfahrungen

Der Ausbruch des Revolutionskriegs reißt den jungen Offiziersanwärter sogleich in den Strudel jener krisenhaften Ereignisse, von denen sein späteres, systematisch suchendes Denken vollständig ergriffen werden sollte. Die Gesetzgebende Versammlung in Paris beschließt am 20. April 1792 den Krieg gegen Österreich. Hinter der Kriegserklärung steht die Absicht der neuen, noch unsicheren politischen Klasse in Frankreich durch die bei einem außenpolitischen Konflikt erforderlichen gemeinsamen Anstrengungen die inneren Verhältnisse zu stabilisieren. Diese erste Kriegserklärung der neuen revolutionären Machthaber ist bereits, wie alle folgenden kriegerischen Konflikte im 19. und 20. Jahrhundert, in ein Zwielicht getaucht: Jetzt ist der Staat nicht mehr nur Vertreter einer gleichsam ideologiefreien gemäßigten Politik der Staatsräson. Sowohl der herausfordernde revolutionäre Staat wie auch der ihm gegenüberstehende Feudalstaat sind jetzt Geschäftsführer der internationalen Beziehungen und zugleich Exporteure ihres revolutionären bzw. gegenrevolutionären Konzepts. Jetzt, da es Progressive gibt, tritt notgedrungen auch eine konservative Partei auf: «Weltpolitisch gesehen, sind... neue Fronten aufgebaut worden, und es sind Weltparteien progressiv-revolutionä-

Die Kanonade
von Valmy, 1792.
Der preußische König
Friedrich Wilhelm II.
(1744–97)
während der Schlacht.
Um 1850

König Friedrich Wilhelm II.
von Preußen.
Gemälde von Anton Graff, 1792

ren und konservativ-antirevolutionären Charakters zustandegekommen, die sich in das folgende Jahrhundert fortgesetzt haben.»[14] Der politische Denker Clausewitz wird später genau dieses zunächst undeutlich empfundene, allmählich zu rationaler Einsicht gebrachte Problem in den Mittelpunkt seiner Analyse stellen: Läßt sich die so entfesselt erscheinende Gewalttätigkeit der revolutionären und gegenrevolutionären Kräfte überhaupt noch auf Politik zurückführen – oder ist diese Gewaltexplosion nur noch als ein eigengesetzliches Geschehen zu begreifen?

Die neue revolutionäre Regierung kennzeichnet, daß sie sowohl alte Argumente aufgreift – die Auffassung von den natürlichen Grenzen –, zugleich aber von der Freiheitsmission Frankreichs den anderen, noch unfreien Völkern gegenüber spricht. Das Gegenstück findet sich im Manifest des Oberbefehlshabers der Verbündeten: Hierin erklärt Herzog Karl Wilhelm Ferdinand von Braunschweig die Wiederherstellung der Autorität des Königs in Frankreich zum Ziel des Feldzugs. Revolutionäre Expansion und gegenrevolutionäre Intervention stehen sich – durch keine Kabinettsdiplomatie mehr zu versöhnen – in offener Konfrontation gegenüber. Eine neue Einheit von Innen- und Außenpolitik wird sichtbar: Nach innen konsolidiert sich die neue revolutionäre Klasse durch Terror und Demokratisierung, nach außen gewinnt dadurch die militärische Kampagne an Schwung. Die gegenrevolutionäre alliierte Armee muß nach der unentschieden verlaufenen Schlacht bei Valmy, die durch Goethes Teilnahme zitierfähig geworden ist, den Rückzug antreten. Die revolutionären Truppen erreichen die «natürliche französische Grenze» und besetzen Speyer, Worms und Mainz. Anders als in der Epoche der Kabinettskriege ist jetzt nicht Ruhe die erste Bürgerpflicht, sondern politische Unruhe: Den militärischen Aktionen folgt der revolutionäre Umbau der alten Herrschafts- und Gesellschaftsstruktur in den linksrheinischen Ländern.

Das 34. Infanterie-Regiment Prinz Ferdinand steht zu diesem Zeitpunkt noch in der Heimatgarnison in Reserve. Erst im Januar 1793 wird die Truppe in Richtung Rheinland in Marsch gesetzt – mit ihr marschieren die beiden Brüder Clausewitz, Wilhelm und Carl. Die große Lage hatte sich verändert: Im Herbst 1792 waren etwa 1600 Personen in den Pariser Gefängnissen ermordet worden; am 21. Januar 1793 starb König Ludwig XVI. unter dem Fallbeil. Jetzt übernimmt eine von dem Arzt Joseph-Ignace Guillotin der Nationalversammlung empfohlene Maschine die Mechanisierung des Terrors. Diese Nachrichten rufen in Europa einen Schock hervor. Die namentlich in der Intelligenz verbreitete Parteinahme für die Revolution erleidet erste Einbußen. Eine große Koalition unter Einschluß Englands formiert sich, um das sich anbahnende blutige Chaos einzudämmen. Das mit Elan zu einer möglichen Operationsbasis der Franzosen gegen Mitteleuropa ausgebaute Mainz wird bis Ende März 1793 von 30000 Mann unter dem Oberbefehl des preußischen Königs Friedrich Wilhelm II. eingekreist. Bis Mitte Juni ist auch die Belagerungsartillerie herangeschafft, so daß mit dem Bombardement begonnen werden kann. Am 23. Juli kapituliert die Festung. Die Verluste sind hoch; besonders gelitten haben die Bürger der Stadt. Beim erlaubten ehrenvollen Abzug schließen sich den abrückenden französischen Einheiten auch zahlreiche ihrer deutschen Parteigänger an.

Im Kern enthält die Belagerung von Mainz alle Aspekte einer Übergangszeit: Einerseits herrschen noch das traditionelle Ritual und die herkömmliche Technik der Belagerung einer Festung – vom Anlegen der Laufgräben bis hin zum ehrenvollen Abzug der Unterlegenen. Zugleich aber hat sich die Szene dramatisch verändert: Zu Belagerten werden nicht allein die Truppen einer regulären Armee, sondern auch die zivilen Parteigänger beider Seiten in der Bevölkerung der Stadt. Jakobinerklubs und revolutionäre Ausschüsse sind Ausdruck einer totalen, den Bürgerkrieg einschließenden politischen Konfrontation. Der Mainzer Naturforscher und Völkerkundler Georg Forster wurde zur Symbolgestalt dieser neuen Entwicklung: Er läßt sich als Abgeordneter nach Paris schicken, um die Vereinigung des Kurfürstentums mit dem revolutionären Frankreich zu betreiben. Zum Kreis um Forster gehört auch Caroline Böhmer, geb. Michaelis, die später August Wilhelm Schlegel heiraten wird und dann in dritter Ehe den zu seiner Zeit dominierenden Philosophen Fried-

Die Beschießung von Mainz durch die Truppen der Koalition, 1793. Zeitgenössischer Kupferstich von Johann Martin Will

rich Wilhelm Joseph von Schelling. Caroline vertrat einen neuen Frauentypus, emanzipiert und revolutionär; ihre spätere Ehe mit Schelling dokumentiert den Wandel in der Einstellung zur Revolution: In ihrer Frühzeit sind sie alle, Caroline wie ihr dritter Ehemann, mehr oder weniger Parteigänger der Französischen Revolution – Terreur, zwanzig Jahre Krieg und die Sehnsucht nach einer Restauration des zertrümmerten Europa lassen die Mehrzahl konservativ werden.

In dem jungen Clausewitz, der während der Operationen noch zum Fähnrich befördert wird, hinterläßt diese Kampagne unauslöschliche erste Eindrücke vom neuen revolutionären Geschehen. Drei Grunderlebnisse, so Wilhelm von Schramm, hatten sich dem gerade Dreizehnjährigen besonders eingeprägt. Zum einen die politische Frage: Warum hatte die Revolution so rasch auf deutschen Boden übergreifen können und wieso fanden sich so viele Parteigänger und Mitläufer für die französische Sache? Vor allem aber beschäftigte die militärische Seite des Problems den jungen Carl: Warum hatte man die als Bollwerk des Reichs geltende Festung Mainz nicht rechtzeitig armiert, warum war sie kampflos übergeben worden? Schließlich prägte sich ihm das Auftreten eines völlig neuartigen Typus von Soldaten ein: Die französischen Freiwilligen, die in der Art von Jägern nachts kämpften und die Taktik des Überfalls einsetzten, führten in ihrem offenkundig ideologisch angeheizten Elan das krasse Gegenmodell zum Soldaten des herkömmlichen stehenden Heeres vor, den eher das Interesse an Desertion an Stelle kriegerischer Einsatzbereitschaft leitete.[15] Bei einem nächtlichen, guerilla-ähnlichen Überfall wäre es den Franzosen fast gelungen, den Befehlshaber der Einschließungstruppen sowie den Prinzen Louis Ferdinand gefangenzunehmen. Goethe, der den Feldzug begleitete, schildert diesen Überfall in seinem Bericht über die Belagerung von Mainz; der Gefechtslärm hatte ihn aus dem Schlaf in seinem nahegelegenen Wohnzelt gerissen. Es war vor allem dem

Eine Sitzung des Mainzer Jakobinerklubs, Kupferstich aus «Tempel der Musen und Grazien, Taschenbuch zur Bildung und Unterhaltung», 1796

Prinz Louis Ferdinand
von Preußen (1772–1806).
Anonymes Gemälde, um 1800

energischen Eingreifen Louis Ferdinands zu verdanken, daß der Coup der Franzosen nicht gelang.

Für Clausewitz wird die Fülle dieser Kriegserlebnisse und das verwegene Auftreten eines neuen Soldatentypus bis in die Kapitel seines Werks *Vom Kriege* noch Spuren hinterlassen. So schreibt er dort: *Der Krieg war urplötzlich wieder eine Sache des Volkes geworden, und zwar eines Volkes von 30 Millionen, die sich alle als Staatsbürger betrachteten... Mit dieser Teilnahme des Volkes an dem Kriege trat statt eines Kabinetts und eines Heeres das ganze Volk mit seinem natürlichen Gewicht in die Waagschale.*[16] Dieser zusammenfassenden Erkenntnis gehen im Text Ausführungen voraus, die sich mit der Kriegskunst des 18. Jahrhunderts auseinandersetzen, wobei der Autor vor allem den Zusammenprall dieser alten Methoden mit den neuartigen, irregulären der Franzosen kritisch herausarbeitet.

Vier Monate dauerte der «Elementar-Unterricht» (Wilhelm von Schramm) des jungen Carl von Clausewitz in den Laufgräben vor Mainz. Erste Umrisse seiner späteren militärwissenschaftlichen Erkenntnisse bilden sich heraus: die neuen Möglichkeiten entfesselter, politisierter Volkskriege; das Überständige der alten Lineartaktik und geometrisierenden operativen Bewegungen; die Wirkung der Artillerie. Das politisch-revolutionäre Moment wird ihm anschaulich in dem bislang unvorstellbaren Vorgang, daß die Bewohner einer besetzten Stadt sich mit den Eroberern nicht lediglich arrangieren, sondern leidenschaftlich und aktiv ihre Partei ergreifen. Hieraus mußten Konsequenzen gezogen werden, sowohl für die Politik wie für die Organisation der Streitkräfte. Der spätere Meisterschüler Scharnhorsts lernt hier, zunächst noch unbewußt, die Grundlagen reformerischer Strategie.

Während des anschließenden Rhein-Feldzugs bildet sich bei dem jungen Fähnrich noch ein weiteres wichtiges Moment seiner künftigen Kriegslehre heraus; die Auffassung von der Überlegenheit der Verteidigung gegenüber einem auch in zahlenmäßiger Überlegenheit geführten Angriff. Ende November 1793 bringt eine nur 20 000 Mann zählende preußische Armee bei Kaiserslautern die Offensive der doppelt so starken französischen Armée de la Moselle zum Stehen. Die preußischen Verteidiger unter dem Herzog von Braunschweig hatten die Defensive initiativreich, aktiv und mit ständigen Gegenangriffen geführt. Clausewitz wird später in *Vom Kriege* seine Eindrücke verallgemeinern und vor allem unterstreichen, daß unter keinen Umständen unter Verteidigung das passive Hinnehmen von Schlägen und das reine Abwehren zu verstehen sei: *Da man aber, um wirklich auch seinerseits Krieg zu führen, dem Feinde seine Stöße zurückgeben muß, geschieht dieser Aktus des Angriffs im Verteidigungskriege gewissermaßen unter dem Haupttitel der Verteidigung, d. h. die Offensive, deren wir uns bedienen, fällt innerhalb der Begriffe von Stellung oder Kriegstheater. Man kann also in einem verteidigenden Feldzuge angriffsweise schlagen... Die verteidigende Form des Kriegführens ist also kein unmittelbares Schild, sondern ein Schild, gebildet durch geschickte Streiche.*[17]

Die Siege der preußischen Waffen hatten noch einmal das Selbstbewußtsein der in der Erfolgstradition des Siebenjährigen Kriegs befangenen politischen und militärischen Führung gestärkt. Man hatte das revolutionär Neue der Epoche noch nicht vollständig begriffen, ja, es fehlte jegliche gründliche theoretische Analyse der gemachten Erfahrungen. Lediglich kleinere taktische Änderungen und Verbesserungen wurden den aus konventioneller Sicht reichlich irregulär vorgehenden französischen Revolutionstruppen nachempfunden. Weil sich die revolutionären Verbände selbst noch in einer schwierigen Übergangsphase befanden, wurde auf konservativer Seite der falsche Schluß gezogen, man könne im großen und ganzen an den alten Prozeduren und Strukturen festhalten. Neuere Forschungen, wie die von Peter Paret, verweisen darauf, daß sich 1793/94 die Kampftechniken der französischen und der preußischen Armeen kaum voneinander unterschieden: Beide Seiten dachten noch in den Begriffen von begrenzter Kriegführung, beide Seiten wandten überwiegend noch die lineare Aufstellung ihrer Verbände an. Die Franzosen waren sehr unbeweglich, sie beherrschten kaum das Gefecht der verbundenen Waffen, das heißt insbesondere die Koordination von Infanterie und Artillerie. Ihre Offiziere entstammten entweder noch dem alten adligen Korps, was sie oft halbherzig kämpfen ließ, oder sie rekrutierten sich aus zwar politisch begeisterten, aber auf das Militärische völlig unzulänglich vorbereiteten sozialen Gruppen.[18] Doch alle diese Unzulänglichkeiten wurden durch den revolutionären Schwung ausgeglichen, den gerade auch die unmittelbaren Eingriffe der politischen Zentrale in Paris motivierten und antrieben. Überdies bewirkten die schieren Sachzwänge ein irreguläres und damit auf längere Sicht revolutionäres Verhalten. Denn die erzwungene Abdankung, oft auch Vertreibung Tausender adliger Berufsoffiziere und der gleichzeitige Zwang, große Zahlen völlig unausgebildeter Freiwilliger in die Streitkräfte zu integrieren, führte von ganz allein zu ungewohnten taktischen Verhaltensweisen. Interessanterweise waren jedoch die einzelnen, jetzt revolutionär erscheinenden Methoden damals keineswegs vollkommen neuartig. Sie waren bereits in Reglements vor 1789 festgelegt worden; doch es fehlte damals der politische Wille und die ihm entgegenkommende Begeisterung der Massen, um diese bereits auf dem Papier existierenden Methoden in die Praxis umzusetzen. So hatte das französische Infanterie-Reglement von 1788 bereits die alten Kontroversen über Kolonnen- oder Lineartaktik und anderes dadurch entschieden, daß es den Einsatz all dieser Methoden der situationsangemessenen Entscheidung des taktischen Führers überließ. Die republikanische Infanterie verfügte somit über eine flexible Doktrin, nach der die taktische Analyse der Lage über die Ausführung des Auftrags und die Wahl der Mittel entschied.[19]

Die erste Phase der Reflexion:
Neuruppiner Garnisonsjahre

Als der im April 1795 geschlossene Friede von Basel Preußen aus der gegenrevolutionären Koalition ausscheiden ließ, war Clausewitz noch nicht ganz fünfzehn Jahre alt. Welche Anstöße diese erste Konfrontation eines Heranwachsenden mit den kriegerischen Erscheinungen der Französischen Revolution in Bewußtsein und Denken bewirkten, vermögen wir lediglich indirekt aus seinen späteren Schriften sowie aus seinen Briefen zu erschließen. Üblicherweise wird der sechsjährigen Garnisonszeit in Neuruppin von den Biographen keine oder nur geringe Aufmerksamkeit gewidmet – es herrscht die Auffassung vor, es habe sich um eine deprimierende und von tödlicher Routine überlagerte Zeit in der Welt eines typischen Garnisonsnests gehandelt. Unterstützt wird diese These noch von späteren Aussagen des Betroffenen selbst, wenn man seine Äußerungen aus dem Zusammenhang reißt. Rückblickend schreibt Clausewitz an seine Verlobte über die Neuruppiner Zeit: *Bald darauf in einer kleinen*

Neuruppin. Lithographie nach einer Zeichnung von Julius Gottheil

Garnison eingezwängt, von lauter prosaischen Erscheinungen und Naturen umgeben und bearbeitet, zeichnete sich mein Dasein durch nichts von dem besseren Teile meiner Kameraden, d. h. von immer noch sehr gewöhnlichen Menschen, aus als durch etwas mehr Neigung zum Denken, zur Literatur und durch militärischen Ehrgeiz, den einzigen Überrest des früheren Schwunges. Indessen war auch dieser mehr hinderlich als heilsam in meiner inneren Ausbildung, solange es kein Mittel zu geben schien, ihn zu befriedigen. Als ich aber im Jahre 1801 nach Berlin kam und sah, daß geachtete Männer es nicht für zu geringfügig hielten, mir die Hand zu reichen, da war die Tendenz meines Lebens mit einem Male in Übereinstimmung mit meinem Tun und Hoffen.[20]

Auch Fontanes «Wanderungen durch die Mark Brandenburg» enthalten unübersehbare Hinweise auf den Provinz- und Nestcharakter Neuruppins. Doch mag bei Fontane der Wunsch eine Rolle gespielt haben, seine Geburtsstadt nicht über Gebühr herauszuheben. Denn tatsächlich war Neuruppin eine moderne Stadtgründung, die in manchem aufklärerische Inhalte und bürgerliche Fortschrittsgedanken abzubilden suchte. Nach dem verheerenden Brand des alten Ruppin im Jahre 1787 wurde die Provinzstadt von einer staatlichen Planungskommission unter Leitung des Landbaumeisters Bernhard Matthias Brasch nach einheitlichen, rationalen Gesichtspunkten neu gestaltet. Kennzeichnend sind das gitterartige Straßennetz, die wie Avenuen breit angelegten Straßen, «nur unterbrochen durch stattliche Plätze, auf deren Areal unsere Vorvordern selbst wieder kleine Städte aufgebaut haben würden... Dadurch entsteht eine Öde und Leere, die zuletzt den Eindruck der Langeweile macht» (Theodor Fontane). Im Zentrum erhebt sich eine auch architektonisch bedeutsame, monumentale bürgerliche Bildungsanstalt: das städtische Gymnasium mit dem in die Zukunft weisenden Wahlspruch «Civibus Aevi Futuri». Fontane betont die lange Tradition der ehemaligen Lateinschule, auf der nach der Mitte des 18. Jahrhunderts die fortschrittlichen pädagogischen Ideen des Philanthropen Johann Bernhard Basedow Fuß gefaßt hatten. Allerdings scheint der nach dem großen Feuer errichtete klassizistische Neubau zunächst von einem Formalisten beherrscht worden zu sein, denn Fontane klagt bewegt über seine Leidenszeit als Schüler am Neuruppiner Gymnasium. Peter Paret urteilt, daß Neuruppin eine der annehmbarsten Garnisonen der preußischen Monarchie war, in nächster Nähe von Rheinsberg gelegen und nicht weit von den Zentren Potsdam und Berlin entfernt. Das neuerbaute Gymnasium verfügte über eine große Bibliothek, in der Stadt existierten vier Lesegesellschaften sowie Leihbüchereien. Im nahen Rheinsberg war unter der Ägide des Prinzen Heinrich eine der besten militärwissenschaftlichen Büchereien entstanden. Das Regiment No. 34 war eine prestigehafte Neuaufstellung unter Friedrich II., der seinen jüngsten Bruder, Prinz Ferdinand, zu dessen Chef ernannt hatte. Es war landesweit dafür bekannt, daß es sich nicht nur der Erziehung und Bildung der jungen Offiziere, sondern auch der einfachen Soldaten und deren Angehörigen annahm.

Begünstigt durch die pädagogischen Impulse der späten Aufklärungsepoche hatten sich seit den siebziger und achtziger Jahren des 18. Jahrhunderts in Preußen Regimentsschulen zu entwickeln begonnen, die in gewissem Maß die Funktion von Volks- und Berufsschulen übernahmen. In Potsdam hatte der dortige Stadtkommandant, Friedrich Wilhelm von Rohdich, schließlich ein Modell entdeckt, das dann als Muster für alle Regimentsschulen übernommen wurde: die Landschule des preußischen Großgrundbesitzers Friedrich Eberhard von Rochow, in der seine Bauern in agrarwirtschaftlichen, aber auch in allgemeinen Fächern unterrichtet wurden. Dieses gewissermaßen duale System aus berufsspezifischer und allgemeiner Bildung verbreitete sich dann im preußischen Heer. Doch die Schule des 34. Infanterie-Regiments blieb singulär; allein hier wurde das breitgefächerte und intensive Unterrichtssystem übernommen, während die meisten anderen Regimentsschulen ein magerer Abklatsch des Rochowschen Modells blieben. Auf der Neuruppiner Regimentsschule wurden neben den Elementarfächern auch Geographie und Geschichte unterrichtet. Parallel dazu – im Sinne des dualen Ansatzes – wurde eine Art Werkstatt für gewerbliche Produktion eingerichtet, die

Lehr- und Verkaufsstätte unter anderem für Textilprodukte war. Hier liegen erste Ansätze dessen vor, was erst nach der Katastrophe von Jena und Auerstedt eine Chance hatte, reformerisch durchgesetzt zu werden. Zu stark waren vor 1806 noch die Gegenkräfte, die eine Störung des gesellschaftlichen Gleichgewichts befürchteten, sollte dieses Bildungsmodell landesweit eingeführt werden.

Eine wissenschaftliche Offiziersausbildung war in Ansätzen bereits in den Jahren nach dem Siebenjährigen Krieg entstanden. Friedrich II. hatte, beraten durch den Aufklärer und Enzyklopädisten Jean Le Rond d'Alembert, den Schwerpunkt auf philosophische und literarische Fächer gelegt. Diese «Académie militaire» sollte vor allem den Nachwuchs für den Dienst am Hof, den diplomatischen Dienst und die höheren militärischen Führungsränge sichern. Hinzu kamen die Kadettenschulen sowie zunächst noch mit wenig Lehrpersonal ausgestattete Spezialschulen für die technischen Zweige, vorerst für die Artillerie und das Pionierwesen. Schon damals entzündete sich der bis heute andauernde Streit darüber, ob auch den Offizieren der Kampftruppen, damals der Infanterie und Kavallerie, eine akademische Bildung bekömmlich sei. Vor 1810, dem Gründungsjahr der von Scharnhorst betriebenen Kriegsakademie, blieben die meisten Offiziere ohne systematische Ausbildung. Auch die Gebrüder Clausewitz waren diesen praktizistischen Weg gegangen. Als der junge Fähnrich Carl aus dem Krieg in das Garnisonsleben zurückkam, war er den wohlmeinenden pädagogischen Bestrebungen seines Kommandeurs von Tschammer wohl schon entwachsen. Aber dank dieses Kommandeurs war das Regiment den anderen auf dem Weg zu einer wissenschaftlichen Nachwuchsschulung weit voraus: Von Tschammer gründete die erste «Militärisch-wissenschaftliche Bildungs-Anstalt» für künftige Offiziere. Auch Clausewitz soll, so Peter Paret, als Angehöriger des Regiments an einigen Kursen teilgenommen haben. In dieser für damalige Verhältnisse fortschrittlichen Einrichtung wurden nach einem ausgewogenen Lehrplan sowohl militärische Spezialkenntnisse als auch allgemeines Bildungsgut vermittelt – zu letzterem gehörten unter anderem Geographie und Geschichte. Auf einigen Gebieten wurde mit dem Neuruppiner Gymnasium zusammengearbeitet. Dies betraf namentlich die militärischen «Hilfswissenschaften» wie politische Geographie, Geschichte, Deutsch (Aufsatzlehre) und Statistik. Einer der später führenden Köpfe der Reformbewegung, August Wilhelm Anton Neidhardt von Gneisenau, pries damals in einer Schrift das zukunftsweisende Bildungsunternehmen des Obristen von Tschammer.

So mag es an der Tiefe seiner Erlebnisse seit der für ihn so entscheidenden Begegnung mit Scharnhorst und der politisch-militärischen Elite der Reformer gelegen haben, daß Clausewitz' Rückblick auf die Neuruppiner Jahre etwas düster ausfällt. Dabei war sein Lesepensum in der Neuruppiner Zeit beachtlich.

Wilhelm von Schramm führt eine Reihe von Werken auf, die als Standardwerke für die damalige Strategie- und Militärwissenschaft bezeichnet werden müssen – insbesondere die Arbeiten von Georg Heinrich von Berenhorst und Heinrich Dietrich von Bülow, die Clausewitz als Einstieg in seine Kritik der herrschenden Lehre dienen werden.[21] In einem Brief an Marie von Brühl hat er noch auf eine weitere wichtige Vorbedingung seiner in Neuruppin systematischer einsetzenden Studien hingewiesen. Das Regiment war nach Abschluß des Feldzugs nicht direkt in die Garnison zurückgekehrt, sondern zunächst im Westfälischen für einige Monate in Ruhequartiere eingewiesen worden. Clausewitz berichtet seiner späteren Braut, daß hier in der Stille des Tecklenburger Landes erstmals *der Blick des Geistes... in mein Inneres* fiel. *Wir waren in der Nähe von Osnabrück; man konnte dort Bücher haben; ich fing an zu lesen, und zufällig fielen mir einige Illuminaten-Schriften und andere Bücher über die Perfektibilität in die Hände. Da wurde mit einem Male die Eitelkeit des kleinen Soldaten zu einem äußerst philosophischen Ehrgeize, und ich befand mich damals der Schwärmerei so nahe, als die Natur eines Geistes dies erlauben wollte, der überhaupt keine starke Tendenz dazu hat. Wäre indessen diese Glut in mir besser unterhalten und benutzt worden, so würde ich vielleicht um ein gutes Teil besser geworden sein, als ich bin.* Es folgen dann, in starkem Kontrast zu diesen bemerkenswerten Zeilen, die oben angeführten Aussagen über die prosaische Neuruppiner Zeit.[22]

In Osnabrück befand sich eine Niederlassung des von dem Ingolstädter Rechtsgelehrten Adam Weishaupt begründeten Illuminatenordens. Diese freimaurerische Geheimgesellschaft suchte durch ein Netzwerk von Lesezirkeln und Leihbüchereien ihre Ideen zu verbreiten. 1784 wurde der Illuminatenorden in Bayern wegen subversiver Tätigkeit verboten. Die «Illuminaten bildeten innerhalb der zahllosen Geheimbünde zweifellos den deutschen Extremfall eigenständiger Herrschaftsplanung. Aber insofern sind sie symptomatisch... Die Logen wurden zum stärksten Sozialinstitut der moralischen Welt im achtzehnten Jahrhundert.»[23] Deshalb sahen sich auch viele Staatsmänner veranlaßt, über die Mitgliedschaft in Logen politischen Einfluß zu gewinnen. Das sich eben erst formierende Bildungsbürgertum drängte in diese Gesellschaften, um sich über seine eigene Lage und Gedankenwelt zu verständigen. Nach einer kurzen Phase der Begeisterung wies jedoch, wie aus dem oben zitierten Brief an seine Verlobte hervorgeht, Clausewitz solche Formen des Denkens und Handelns von sich. In einem anderen Brief hat er sich ausdrücklich von solchen Vereinigungen distanziert, *die mir alle zuwider sind.* Der weitere Zusammenhang dieser Äußerung läßt den Schluß zu, daß Clausewitz diese Gesellschaften wegen ihres kleinbürgerlich-verschwörerischen Charakters verachtete, da sie dem wirklich revolutionären Geist der Epoche in keiner Weise entsprächen: *Die Volksbewegungen in Deutschland scheinen nach und nach aufzuhören und alles sich nach einem schwachen*

Versuche willig ins alte Joch zu schmiegen. Aber ich bin weit entfernt, diesem Scheine zu trauen; ich glaube, daß der Gärungsstoff überall zu tief liegt... Einer großen und allgemeinen Revolution kann Europa nicht entgehen.[24] Mit Blick auf die Geheimgesellschaften belustigt ihn der Gedanke, daß sowohl die Mitglieder jener Bünde ihre revolutionäre Rolle so grotesk überschätzten, wie dies auch jene reaktionären Zeitgenossen taten, die dem vorgeblich mächtigen Wirken solcher Verschwörungen weitreichende geschichtliche Konsequenzen zuschrieben.

So muß man jene Neuruppiner Jahre einschließlich der ihnen vorausgehenden westfälischen Monate als bedeutsamer für die intellektuelle Entwicklung von Clausewitz erachten, als dies bislang geschehen ist, wobei die Clausewitzsche Korrespondenz jene falsche Richtung der Interpretation begünstigt hat. In den Berliner Jahren wird Clausewitz auf den damals gelegten Grundlagen aufbauen.

Berliner Studienjahre und Begegnungen: Scharnhorst, Marie von Brühl

Nachdem sein älterer Bruder Wilhelm Benedikt zum Oberleutnant befördert worden war, wurde es auch für Carl von Clausewitz Zeit, sich sein weiteres Fortkommen zu überlegen. Beförderung bedeutete zumeist Wechsel in einen neuen, oftmals sehr entlegenen Standort. Wilhelm ging nach Danzig. Da Carl zunächst mit keiner weiteren Beförderung rechnen konnte, erschien auch eine Versetzung problematisch, namentlich wenn die gewünschte Einheit in Berlin oder einer anderen attraktiven Garnison liegen sollte. Zumindest war dann die Rückstufung im Rangdienstalter zu befürchten – angesichts des ohnedies sehr niedrigen Soldes für den mittellosen Clausewitz keine sinnvolle Alternative. Da eröffnet sich im Jahre 1801 eine völlig neue Perspektive. In Berlin hatte ein in die preußischen Dienste übergewechselter Artillerieoffizier aus Hannover begonnen, das kränkelnde militärische Bildungswesen vom Kopfe her zu reorganisieren: der aus einfachen Verhältnissen stammende, nichtadlige kurhannoversche Major und Militärschriftsteller Gerhard Johann David von Scharnhorst. Im Alter von 46 Jahren wurde er zunächst stellvertretender Direktor der Kriegsschule im Rang eines Oberstleutnants. Er war diejenige Persönlichkeit, die für den jungen Clausewitz *die Tendenz meines Lebens mit einem Male in Übereinstimmung mit meinem Tun und Hoffen* brachte, wie er am 3. Juli 1807 an Marie von Brühl schreibt.

Die Berliner Studienjahre «stellen den ersten großen Wendepunkt in Clausewitz' Leben dar. Es war der um 25 Jahre ältere Scharnhorst, der damals auf den strebsamen, mit den behindernden Mängeln einer unvollkommenen Schulbildung kämpfenden Offizier aufmerksam wurde, ihn bei seinen Studien förderte, ihm die Richtung seines geistigen Schaffens wies und damit jene Eigenschaften bei Clausewitz würdigte, die bereits in einer Konduite vom Jahre 1799 an ihm gerühmt wurden: ‹Ein trefflicher junger Mann, brauchbar und eifrig im Dienst, der Kopf hat und sich Kenntnisse aller Art zu verschaffen sucht.›»[25] An dieser Beurteilung durch seinen Regimentskommandeur wird die für Clausewitz außerordentlich günstige Konstellation dieser Jahre sichtbar: Er verbringt die Neuruppiner Jahre in einem Truppenteil, der sich dank zukunftsweisender Bildungseinrichtungen als einzigartig in der Armee Preußens – und sicherlich auch in Europa – betrachten durfte. Auf seiner Suche nach einer Perspektive begegnet er im lebensgeschichtlich genau richtigen Moment einem Mann, der seinerseits auf der Suche nach einer – allerdings politischen – Perspektive ist. Der Leutnant von Clausewitz tritt, nachdem seiner Bewerbung dank der guten Beurteilung durch seinen Neuruppiner Kommandeur entsprochen wurde, den Dienst als Hörer an der Berliner

Gerhard Johann David von Scharnhorst (1755–1813).
Miniatur von Tangemann

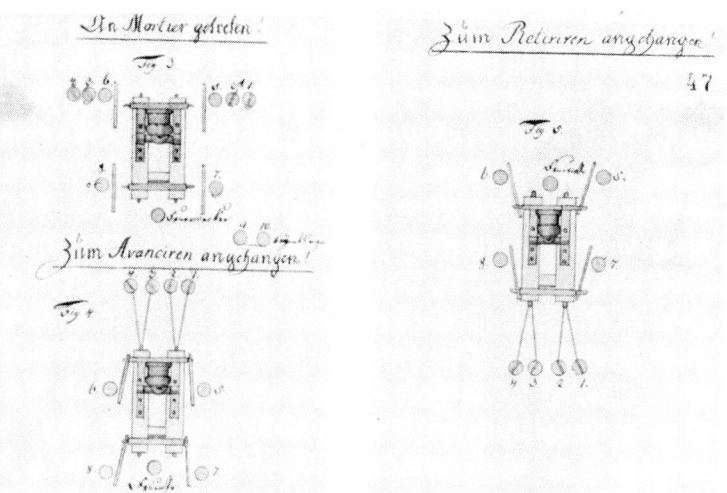

Instruktion für das Exerzieren bei der zehnpfündigen schweren Haubitze. Aus Gerhard von Scharnhorsts Materialien zum «Handbuch der Artillerie», 2. Aufl. Hannover 1804–14

Kriegsschule zu eben jenem Zeitpunkt an, in dem Scharnhorst mit der Reformarbeit beginnen kann. Clausewitz wird im Oktober 1801 in den ersten Kurs, der auf drei Jahre angelegt ist, aufgenommen. Im noch reformungewohnten, spätfriderizianischen Preußen mußte der Neuerer Scharnhorst taktisch vorgehen und unter dem Deckmantel gewohnter, konventioneller Begriffe sein revolutionäres Konzept verwirklichen. Scharnhorst hatte schon vor dem Umbruch von 1789 sowohl über die allgemeinen politisch-gesellschaftlichen wie über die militärisch-strategischen Ursachen der französischen Erfolge nachgedacht. In zahlreichen Aufsätzen, in von ihm herausgegebenen Militärzeitschriften und Handbüchern hatte der spätere Wahlpreuße seine ungewöhnliche Fähigkeit bewiesen, sehr spezielle und fachliche Details mit allgemein-theoretischen und ganzheitlichen Auffassungen zu verknüpfen. Diese Begabung für das zugleich Allgemeine und Besondere wirkte prägend auf den Hörerkreis ein, der sich im Herbst 1801 zum ersten wirklich grundlegenden Bildungsgang für drei Jahre zusammengefunden hatte.

Scharnhorst scheiterte mit seinen weitreichenden Vorschlägen zur Heeresform und zur Militärdoktrin zunächst am Mißtrauen der reaktionären Kreise des preußischen Hofs. Hier hatte auch das verschleiernde Vokabular nichts genützt: Man hatte rasch erkannt, daß der Neupreuße die Axt an der Wurzel des erstarrten spätfriderizianischen Wehrsystems legen wollte. Hingegen ließ man ihm vergleichsweise freie Hand bei der

Preußische Kavallerie-Offiziere vor dem Berliner Schloß. Gemälde von August G. Niegelson, 1788

Reform des höheren militärischen Bildungswesens – vermutlich war sich der Hof über die letzten Endes entscheidende Frage der Bewußtseinsprägung durch wissenschaftlich geleitete Bildung und Ausbildung völlig im unklaren. Die Berliner Kriegsschule mußte zu diesem Zweck von Scharnhorst grundlegend verändert werden. Auch hier verfolgte der aufrichtig konservative Hannoveraner eine seinem Wesen gemäße – aber zugleich auch erfolgreiche – Taktik. Im Jahre 1801 verfügte die Schule unter der bloß formellen Leitung des überforderten Generals von Geusau über zwei hauptamtliche Lehrkräfte: den Major der Pioniertruppe Ludwig Müller und den Philosophen Johann Gottfried Kiesewetter. Müller war ein Veteran des Siebenjährigen Kriegs, er lehrte Militärgeographie und Festungskunde. Kiesewetter kann als sehr fähiger Umsetzer und Popularisator der kritischen Philosophie Immanuel Kants gelten; er besaß offenbar großes pädagogisches Geschick. Überdies veröffentlichte er zwei erfolgreiche Lehrbücher, durch die er die Kantische Philosophie einem breiteren Bildungspublikum zugänglich machte. An der Kriegsschule unterrichtete er Logik und Mathematik. Scharnhorst hatte sich in seinen weitreichenden Bildungsplänen nicht völlig zu erkennen gegeben. Ihm schwebte eine Akademie vor, die auf der wissenschaftlichen Höhe des aufgeklärten Zeitalters und angesichts völlig neuartiger politischer und militärischer Phänomene Stabsoffiziere ausbilden sollte, die sich dieser revolutionären Lage gewachsen zeigten. Der bestehende Typus des technischen und administrativen Gehilfen des Feldherrn sollte einem wissenschaftlich geschulten strategischen Planer und Operateur weichen. Diese neuen Generalstabsoffiziere sollten gewissermaßen das energetische

Zentrum moderner, reformierter Streitkräfte bilden. In seiner offiziellen Funktion als zweiter Direktor der Schule konnte Scharnhorst darangehen, die überständige École militaire in eine moderne, nationale Verteidigungsakademie umzuformen. Der hauptamtliche Lehrstab wurde um einen Dozenten für angewandte Mathematik erweitert. Kiesewetter konnte sich somit stärker auf reine Mathematik und Logik konzentrieren; auf beides legte Scharnhorst besonderen Wert, weil er diesen Fächern prägende Wirkungen auf Intellekt und Urteilskraft zumaß.

Die Vermutung liegt nahe, daß gerade diese ‹zivilen› Fächer auf Clausewitz größten Einfluß ausgeübt haben. An der Begrifflichkeit und den Auffassungen des Theoretikers Clausewitz läßt sich diese philosophische Schulung noch erkennen, so daß zu Recht der Kantianer Kiesewetter zu den für die weitere intellektuelle Entwicklung von Clausewitz wichtigen Mentoren gezählt wird.[26] Für den in Gesellschaft noch unsicher auftretenden und seine politische wie militärische Rolle suchenden jungen Offizier war von großer Bedeutung, daß Scharnhorst ihn in die soeben gegründete «Militärische Gesellschaft» aufnahm. Diese 1802 von Scharnhorst und anderen ins Leben gerufene Vereinigung diente dem Neuerer aus Hannover als öffentlich wirkende wissenschaftliche Interessengruppe, die die neuen Ideen zur Reform der Sicherheits- und Militärpolitik propagierte. Die Gesellschaft verwirklichte eine Art bürgerliche Öffentlichkeit: Auch nichtadlige Gelehrte hatten Zugang; die Mitgliedschaft hing in der Regel von einer wissenschaftlichen Probearbeit ab. Um des Einflusses der «Militärischen Gesellschaft» willen war Scharnhorst gleichzeitig darauf bedacht, auch die bestehenden sozialen Schranken zu berücksichtigen. Deshalb blieb ein exklusiver Zugang zur Mitgliedschaft bestehen: Prinzen, Regimentskommandeure und Generaladjutanten waren vom Leistungsnachweis der Bürgerlichen befreit. Auch hier zeigte sich das taktische Geschick des späteren Reformers; es spiegelte sich darin jedoch gleichfalls eine Grundüberzeugung des progressiv denkenden Konservativen: Hergebrachtes und Kommendes sollten nicht revolutionär-abrupt, sondern behutsam entfaltend miteinander verbunden werden.

In der «Militärischen Gesellschaft» und im Hörerkreis der Kriegsschule lernte Clausewitz die Persönlichkeiten kennen, die in seinem Leben bedeutsam werden sollten: Prinz August von Preußen; Herzog Karl von Mecklenburg, den Bruder der Königin Luise; Karl August Varnhagen von Ense sowie unter anderen die Kommilitonen Karl von Grolmann, Hermann von Boyen, Karl von Tiedemann und Johann Jakob August Rühle von Lilienstern. In diesen Jahren bis zum Ausbruch des Krieges 1806 war Clausewitz überdies bemüht, seine allgemeinen Studien, wie er sie im Westfälischen und Neuruppin begonnen hatte, intensiv fortzusetzen. Clausewitz, «der nicht nur mit dem Studium von über 130 Feldzügen aus dem Zeitraum von Gustav II. Adolf bis Napoleon begann, sondern sich auch von der Geschichtsphilosophie Herders angeregt fühlte, nahm nahezu alle geistigen Strömungen seiner Zeit in sich auf. Er formte sie zu jener originalen Einheit, wie sie in seinen späteren Werken sichtbar zum Ausdruck kam.»[27]

In der Literatur seiner Zeit schätzte er besonders Schiller; zu Goethe und Hölderlin fand er später. In der Philosophie war es – über Kiesewetter – zunächst Kant, der damals beherrschende Denker; dann Johann Gottlieb Fichte, den Clausewitz offenkundig aber erst nach 1806 zur Kenntnis nahm. Den bildenden Künsten gegenüber war er aufgeschlossen, davon zeugt eine Studie über Architektur, das sogenannte Kunsttheoretische Fragment.[28] Daß sich Clausewitz auch den Problemen der Pädagogik zuwandte, belegt eine 1807 niedergeschriebene Studie *Pestalozzi*. Der ausgesprochen philosophische Charakter seiner Beschäftigung mit den ihn und seine Zeitgenossen bedrängenden politischen Fragen hat immer wieder die Debatte darüber angeregt, ob es wirklich der Einfluß Kants war, der Clausewitz letztlich entscheidend prägte. Hier reicht die Bandbreite von vorsichtig zustimmenden Stellungnahmen (Werner Hahlweg, Peter Paret) über dezidiertere (Raymond Aron, Ernst Vollrath) bis hin zu eher ablehnenden (Hans Rothfels). Dieser Einfluß wird jedoch nicht bestritten, wobei auch der Vermittler Kiesewetter stets angeführt wird. Werner Hahlwegs Feststellung, daß alle Einflüsse letztlich von Clausewitz zu

Johann Gottlieb Fichte (1762–1814).
Gemälde von Friedrich Bury, 1800

Marie von Clausewitz. Lithographie

einer originalen Einheit geformt wurden, ist wohl die beste Antwort auf die Frage.

Wenig strittig ist hingegen die weitreichende Bedeutung der Begegnung des jungen Offiziers mit seinem Lehrer Scharnhorst. Clausewitz selbst sieht es so, wenn er in seinem schon zitierten Brief vom 3. Juli 1807 an Marie von Brühl schreibt: *Als ich im Jahre 1801 nach Berlin kam und sah, daß geachtete Männer es nicht für zu geringfügig hielten, mir die Hand zu reichen, da war die Tendenz meines Lebens mit einem Male in Übereinstimmung mit meinem Tun und Hoffen.* Daß er hierbei besonders an Scharnhorst dachte, zeigt etwa ein Brief vom 9. April 1807, in dem Clausewitz rückblickend seine Förderung durch Scharnhorst als besonders wichtig für sein Leben hervorhebt und mit Blick auf seinen Leistungsplatz eins unter 40 Hörern unterstreicht: *Dieser Vorzug hat mich nicht glauben lassen, daß ich es allen an Geisteseigenschaften zuvortäte, aber es hat mich überzeugt, daß ich am meisten im Geiste desjenigen gedacht hatte, der dieser Anstalt vorstand.* Aus «diesem fruchtbaren Lehrer-Schüler-Verhältnis erwuchsen die Anfänge einer echten und tiefen Freundschaft zwischen beiden Männern, die sie bis zum vorzeitigen Tode Scharnhorsts im Frühjahr 1813 verband: ein Verhältnis, in dem Clausewitz, wie er es einmal bekannte, dem von ihm verehrten Scharnhorst so nahestand ‹wie je ein Sohn seinem Vater nahegestanden haben kann›.» [29]

Im selben Schreiben bekennt er, welches zweite Ereignis dieser Berliner Studienjahre ihm in gleichem Maß wie die Begegnung mit Scharnhorst das Gefühl einer Wende seines Lebens vermittelte: *Das zweite Ereignis ist der erworbene Besitz Deiner Liebe! Du glaubst nicht, liebe Marie, welch einen großen Fortschritt ich dadurch gegen das Ziel getan zu haben glaube, was ich erringen möchte. Ich hatte das Bedürfnis zu lieben, und welcher Mensch von Gefühl kennt dies schöne Bedürfnis nicht! – aber eine Liebe, die mich in den gewöhnlichen Kreis des Lebens hineingezogen hätte, würde Bitterkeit und Unzufriedenheit mit mir selbst erzeugt haben; aber ein so ganz ausgezeichnetes Wesen zu lieben, das beschleunigt den Schritt in der edlen Bahn! Aber nicht bloß das, sondern das Bewußtsein schon, ein seltenes, hohes Gut errungen zu haben, läßt mich diese Verbindung mit ungestörter Freude feiern; denn Dein reicher innerer Gehalt sichert mir die Dauer meiner eigenen Liebe; meine Vernunft sagt mir dies ebenso deutlich als mein Herz.* Die Clausewitz-Forscher stimmen darin überein, daß Clausewitz hier keineswegs übertreibt. Marie von Brühl, Enkelin des sächsischen Staatsmanns Heinrich Graf Brühl, jenes glanzvollen Repräsentanten internationaler höfischer Kultur (Hans Rothfels), muß gleichsam in einer geistigen Einheit mit ihrem Mann gesehen werden – ohne ihren Takt, ihr fein sich einfühlendes Urteilsvermögen, ihre stete Ermunterung wäre *Vom Kriege* sicher nicht entstanden. Die Bekanntschaft mit der Gräfin wurde indirekt durch Scharnhorst gestiftet: Auf dessen Fürsprache hin wurde Clausewitz während seines Studiums schon zum Adjutanten des Prinzen August, des jüngeren Bruders des Prinzen Louis Ferdinand, befördert. Damit gewann er Zutritt bei Hofe und zur damaligen ‹Welt›. Maries Vater Karl von Brühl wurde als Erzieher des späteren Königs Friedrich Wilhelm III. nach Berlin berufen. Die Wahl des Katholiken Brühl war für damalige Begriffe ungewöhnlich. Es gab jedoch Gründe: Friedrich Wilhelm II. wollte für den gehemmten, schüchternen Kronprinzen einen eleganten, musischen Sachsen als Erzieher an Stelle eines pflichttreuen, aber ledernen Preußen. Karl von Brühl war mit einer bürgerlichen Engländerin, Sophie Gomm, verheiratet. Sie war die Tochter des englischen Konsuls in St. Petersburg. Marie, die ältere der beiden Töchter, kam am 5. Juni 1779 in Warschau zur Welt. Sie war mithin ein Jahr älter als ihr späterer Mann. Nach dem Tod des Vaters im Jahre 1802 «bitterer Armut ausgesetzt, allezeit genötigt, sich in den energischen Willen einer sittenstrengen, aber egoistischen Mutter zu fügen, hinter der

Heinrich Graf Brühl (1700–63). Stich von Jean Joseph Balechou nach einem Gemälde von Louis de Sylvestre, 1750

weit glänzenderen Erscheinung der genialen Schwester zurückzustehen, blühte Marie zu wundervoller innerer Schönheit auf»[30]. Marie berichtet, daß sie im Dezember 1796 eingesegnet wurde – entgegen vielfachen Annahmen war sie wohl wie ihre Mutter protestantisch oder trat zum Protestantismus über. Die Brühls gehörten zum innersten Zirkel des Hofes. Marie war befreundet mit Luise von Berg, deren Mutter die engste Vertraute und spätere Biographin von Königin Luise war. Zum erstenmal begegnete sie Carl von Clausewitz im Dezember 1803 bei Hof. Sich erinnernd schreibt Marie: «Auf einem Souper beim Prinzen Ferdinand... geschah dieser erste Eintritt in die Welt, der eine so wichtige Epoche mei-

Königin Luise von Preußen
(1776–1810)

Prinz August von Preußen
(1779–1843).
Gemälde von
O. Kretzschmar,
1808

nes Lebens beginnen sollte. Ich war tief berührt, Ort und Menschen wiederzusehen, die ich seit dem Tode meines Vaters nicht gesehen hatte.» Als der ebenfalls eingeladene Clausewitz ins Zimmer trat und Marie vorgestellt wurde, war sie noch zu sehr mit ihren Gedanken beschäftigt. So «begnügte ich mich mit einer Verbeugung und der gewöhnlichen Phrase: ‹Je suis etc.›»[31] Einige Tage später begegnete sie Clausewitz auf einem Empfang bei der Königin Luise in Schloß Monbijou wieder. Prinz August erschien mit seinem Adjutanten Clausewitz, der sich dann mit Maries Vetter, Carl von Brühl, am Kamin stehend lebhaft unterhielt. Dieses Bild prägte sich ihr ein. Doch auch diese Gelegenheit zu einem ersten Gespräch verstrich ungenutzt; der Vetter rühmte, wie Marie in dem oben zitierten Brief schrieb, «uns ihn nachher als einen sehr ausgezeichneten jungen Menschen, ich machte mir Vorwürfe, nicht auch mit ihm gesprochen zu haben». Endlich, anläßlich eines Essens beim Prinzen Louis Ferdinand, gelang es Marie, ihm einige Fragen zu stellen. Die Antworten des jungen Clausewitz scheinen Sympathie geweckt und das erste, günstige Urteil des Vetters bestätigt zu haben. Bald häuften sich die Gelegenheiten für Marie von Brühl und Carl von Clausewitz, einander näherzukommen – dank der vielen Geselligkeiten, die von der lebenslustigen Königin Luise veranstaltet wurden. Es waren trügerisch heitere Monate für das Ancien régime: Da Preußen 1795 aus der antifranzösischen Koalition ausgeschert war, genoß man bereits das neunte Friedensjahr. Doch das «Karnevalstreiben», wie Marie es nannte, nahm ein jähes Ende: Maries jüngere Schwester Franziska, Frau des Friedrich August von der Marwitz, starb im März 1804 an Kindbettfieber. Marie von Brühl verließ für dieses Jahr Berlin, um zunächst nach Dresden zurückzugehen. Erst bei den Bällen zum Jahresbeginn 1805 sahen sich Marie und Carl wieder. Während der Beisetzung der im Februar verstorbenen Königin Friederike schreibt Marie, «suchte ihn mein Auge unter der versammelten Menge ... auch er erkannte und grüßte mich ... und es bewegte ihn sehr, wie er mir nachher erzählte, mich so gleichsam vom Tode zum Leben zurückkehren zu sehen»[32]. Doch es sollte noch bis fast zum Ende des Jahres 1805 dauern, bis sie sich ihre Liebe eingestehen konnten. Diese Stunde war schon vom kommenden Krieg mit dem napoleonischen Frankreich überschattet. Preußen hatte sich zwar mit allen Mitteln um die Konfrontation zu drücken vermocht und noch im Dezember des Jahres 1805 – kurz nach der Niederlage Österreichs und Rußlands in der Drei-Kaiser-Schlacht von Austerlitz am 2. Dezember – ein Schutz- und Trutzbündnis mit Frankreich abgeschlossen. Doch schlug die Stimmung in Berlin allmählich um. Auch den Reformern um Scharnhorst war jetzt klar, daß langfristig zu betreibende Veränderungen von Staat und Gesellschaft nunmehr einer auf die baldige militärische Auseinandersetzung gerichteten Mobilmachungsstrategie zu weichen hatten. Der Plan Friedrich Wilhelms III., durch eine Taktik der bewaffneten Vermittlung sich gar zum

Die Drei-Kaiser-Schlacht bei Austerlitz. Gemälde von Louis François Lejeune

Schiedsrichter des Konflikts der Großmächte aufschwingen zu können, war gescheitert. In dieser Atmosphäre kommenden Unheils, am Tag des Drohausmarschs der Berliner Truppenverbände, trafen sich Marie von Brühl und Carl von Clausewitz zufällig in der Nähe des Schlosses in einem Pelzladen. Weil das Bataillon des Prinzen August und mithin, wie anzunehmen war, auch der Adjutant Clausewitz bereits abgerückt waren, hatte Marie zunächst die Hoffnung aufgegeben, Carl nochmals zu sehen. Doch als sie in Begleitung einer Bekannten das Pelzgeschäft betrat, hatte sie, wie Marie im Rückblick berichtet, «die unbeschreiblich freudige Überraschung, ihn hereintreten zu sehen... C. sprach einige Worte mit dem Herrn des Ladens über Angelegenheiten seines Prinzen, dann mit mir über die Hoffnungen, mit denen er ausmarschierte, über die Freude, uns gute Nachrichten geben zu können... Ich sagte, ich hoffe, er würde seine hiesigen Freunde nicht vergessen; es mußte in meinem Ton wohl mehr liegen als in meinen Worten; denn indem er meine Hand faßte und küßte, sagte er tief gerührt und sehr bedeutend: ‹Oh, wer Sie einmal gesehen hat, der vergißt Sie nie wieder!› Sein Blick, der Ton seiner Stimme bei diesen Worten drang mir bis ins Innerste der Seele und wird mir ewig unvergeßlich bleiben... Wir hielten einander noch einen Augenblick schweigend und gerührt bei der Hand; wir wären einander in die Arme gesunken, wenn wir allein gewesen wären... denn wir hatten einander verstanden und der Bund unserer Seelen war schweigend geschlossen.»[33]

Während Clausewitz mit der preußischen Armee im verbündeten Sachsen war, konnte sich Marie von Brühl nochmals kritisch ihre Situation vergegenwärtigen: Sie war dabei, einen Habenichts von unklarem Stand und Herkommen zu heiraten. Weder von ihrer Mutter noch gar vom Hof war Zuspruch zu erwarten. Wie sie rückschauend bekannte, hielt sie ein kurzes, flüchtiges Verhältnis für unwürdig, sowohl für Clausewitz wie für sie selbst. Es gab nur ein Entweder-Oder. Marie zog sich für einige Monate nach Dresden zurück, um sich erneut zu prüfen. Anfang April 1806 kehrte sie nach Berlin zurück. Die Verpflichtungen bei Hof brachten sie wieder mit Carl zusammen. Die Wiederbegegnung bestärkte sie: Der Bund war unauflöslich.

Kritik der herrschenden Lehre: «Anti-Bülow»

Die Berliner Jahre hatten Clausewitz' Leben vollständig verändert. Die Begegnung mit Scharnhorst hatte seinen beruflichen Status gefestigt und ihm eine Perspektive eröffnet, die Begegnung mit Marie von Brühl gab ihm die Gewißheit, daß auch sein privates Leben ein Ziel besaß. Die Beziehung zu Marie von Brühl wies jedoch weit über eine konventionelle Ehe hinaus. Der geistige Austausch mit der ebenbürtigen Frau (Hans Rothfels) gewann grundlegende Bedeutung für seine berufliche Entwicklung: «Clausewitz' politische Gedankenwelt ist in ihrem allmählichen Werden, in ihren Formen und Richtungen untrennbar verknüpft» mit dem Leben der Marie von Brühl. In «der Leistung des Geliebten und Gatten ist ihr Wesen mitenthalten»[34]. So fallen in diese Periode schon erste Ausarbeitungen, in denen sich bereits Gedankengänge des späteren Hauptwerks erkennen lassen. Die Förderung durch Scharnhorst und die sich entwickelnde Beziehung zu der jungen Gräfin Brühl schufen jene anregende Atmosphäre, in der sich überhaupt erst die geistigen Möglichkeiten Clausewitz' zu entfalten vermochten. Sieht man von einigen Niederschriften und Nachschriften etwa Scharnhorstscher Vorlesungen ab, so muß vor allem die von der späteren Forschung mit «Strategie von 1804» bezeichnete Analyse als derjenige geistige Ort genannt werden, an dem Clausewitz viele Begriffe und Argumente des Hauptwerks bereits vorwegnimmt. Wir gehen im zweiten Teil ausführlich darauf ein. Außerdem arbeitete er an verschiedenen strategisch-politischen Studien über die Feldzüge Gustavs II. Adolf von Schweden, über den Russisch-Türkischen Krieg 1736 bis 1739 und schrieb einen Essay über die in einem Krieg gegen Frankreich zu befolgenden strategischen Prinzipien. Alle diese Studien dienten ganz offenkundig dem Ziel, sich möglichst bald mit der damals herrschenden Strategiewissenschaft und insbesondere deren lautstärksten Vertretern – Antoine Henri de Jomini, Heinrich Dietrich von Bülow, Georg Heinrich von Berenhorst – fachlich fundiert auseinandersetzen zu können. Vor 1806 erschien als einzige Veröffentlichung aus seiner Hand ohne Namensnennung eine Kritik an den «Lehrsätzen des neueren Krieges» von Bülow. Clausewitz publizierte seine beißende Polemik in der Fachzeitschrift «Neue Bellona» unter dem Titel *Bemerkungen über die reine und angewandte Strategie des Herrn von Bülow oder Kritik der darin enthaltenen Ansichten*. Diese Ansätze können von dem inzwischen zum Stabskapitän (Hauptmann des Generalstabs) beförderten knapp Sechsundzwanzigjährigen vorerst nicht weiter verfolgt werden. Die politische Lage treibt der militärischen Konfrontation mit dem expansionistischen Frankreich entgegen. Im Juli 1806 kommt endlich das Bündnis Preußens mit Rußland zustande. Im selben Sommer löst sich, unter dem Druck Napoleons, auch de jure das Heilige Römische Reich Deutscher Nation auf. Preußen fordert in einem Ultimatum den Rückzug der französischen Truppen aus Süddeutschland und erklärt Frankreich den Krieg.

Von der Katastrophe zur Reform

Die Katastrophe von Jena und Auerstedt

In diesem nunmehr vierten Koalitionskrieg gegen die Revolution und in deren Gefolge gegen den Hegemonialanspruch Napoleons wurde wieder deutlich, daß nicht verschiedene Staaten, sondern unterschiedliche Z e i t - a l t e r einander gegenüberstanden. Auf der einen Seite das alte preußische Regime, unfähig zu grundlegenden Reformen von Staat, Armee und Gesellschaft. Die Scharnhorstschen Versuche waren – bis auf die Bildungsanstalt – abgeschmettert worden. Auf der anderen Seite die von Scharnhorst schon früh erkannte revolutionäre «levée en masse», die entfesselte Energie eines ganzen Volkes, jetzt durch den genial-rabiaten Napoleon in höchst wirksame strategische Bahnen gelenkt. In Mitteldeutschland stießen diese gegensätzlichen Zeitalter und Sozialsysteme aufeinander: Auf das Ancien régime mit seinen überalterten Führern, seinen überholten Doktrinen und seiner völlig unangebrachten Überheblichkeit gegenüber den Parvenüs aus dem Westen bewegt sich die Exekutionstruppe der neuen Sozialrevolution zu in einer allen preußischen Kriegsrat-Debatten spottenden Schnelligkeit. Auch operativ-taktisch ist eine neue Zeit angebrochen: Auf die starren, durch äußerlichen Drill zusammengehaltenen Linien der Armee des Ancien régime prallen die beweglichen Stoßkolonnen der Französischen Revolution. Unter Napoleon ist das Irreguläre in festere Formen gebracht; es entsteht jener bis heute praktizierte Kampf der Korps und Divisionen, der durch Massenartillerie vorbereitet wird.

Die Schlacht bei Jena und Auerstedt. Der Entscheidungskampf bei Vierzehnheiligen. Zeitgenössische Aquatinta

Den beweglichen Schützenschwärmen folgen geschlossene Truppenkörper, die durch den konzentrierten Stoß die Entscheidung herbeiführen. Das Gefecht aus der Tiefe wird möglich. Die bewaffneten Handlungen dehnen sich in zeitlicher und räumlicher Hinsicht aus. Verschiedene Armeen operieren gleichzeitig auf verschiedenen Kriegsschauplätzen.

Ein einziger Tag bei Jena und Auerstedt genügt, um die Kollision zweier Zeitalter sichtbar zu machen. Am Abend dieses epochemachenden 14. Oktober 1806 befindet sich die für unbesiegbar gehaltene preußische Armee auf der Flucht. Mitgerissen wird auch das Grenadierbataillon aus Neuruppin. Dieses kapituliert jedoch nicht schmählich ohne Kampf wie die Masse der Einheiten. Bis fast zum letzten Mann kämpfend geht das Bataillon in den Sümpfen der Ucker unter. Es war auf wenige Gruppen zusammengeschmolzen, die sich um den preußischen Prinzen August und seinen Adjutanten Clausewitz geschart hatten. Der Prinz und sein Adjutant werden nach Berlin gebracht und dort im Stadtschloß dem neuen Herrn, Napoleon Bonaparte, vorgeführt. Während der Prinz die Zusage erhält, in Berlin verbleiben zu dürfen, wird Clausewitz zum Standort des Bataillons nach Neuruppin geschickt. Doch Ende Dezember 1806 wird dem Prinzen mitgeteilt, er habe zusammen mit seinem Adjutanten unverzüglich Preußen zu verlassen, um in Frankreich interniert zu werden. Ende Dezember 1806 machen sich der Prinz und Clausewitz auf die Reise, die sie über Frankfurt zunächst nach Nancy führt.

Noch während der kurzen Zwangspause in Neuruppin verfaßte Clausewitz zwei *Historische Briefe über die großen Kriegsereignisse im Oktober 1806*, denen er in Nancy im Februar 1807 noch einen dritten folgen ließ. Die Briefe wurden in einer damals führenden wissenschaftlichen Publikumszeitschrift, der «Minerva», veröffentlicht.[35] Die «Minerva» des Verlegers Johann Wilhelm von Archenholz konnte sich prominenter Beiträge rühmen. So zählten zu ihren Autoren Edmund Burke, Lazare Carnot, Honoré Gabriel Riqueti, Graf von Mirabeau; Marie-Joseph Marquis de Lafayette; Friedrich von Gentz, Friedrich Gottlieb Klopstock und andere bedeutende Persönlichkeiten. Als Erscheinungsort hatte Archenholz Hamburg gewählt, weil dort die Zensur sehr liberal war. Die «Zeitschrift war in ihren Anfangsjahren gemäßigt revolutionsfreudig, wurde später aber nationalpatriotisch. Durch die Fülle an direkten Informationen aus Frankreich, ihren starken Wirklichkeitssinn und den Willen zur Meinungsbildung wurde sie schnell zu einer der führenden Zeitschriften in Deutschland. Durch Unparteilichkeit und Freiheit der Meinungsäußerung hoffte der Aufklärer Archenholz den nationalen Bestrebungen am meisten zu nützen und ein nationales Bewußtsein zu wecken.»[36] Getreu der Lehre Scharnhorsts, gerade über die Öffentlichkeit Einfluß auf die Politik zu nehmen, hatte Clausewitz den Ort seiner – wiederum anonymen – Veröffentlichung mit Bedacht gewählt. Die «Minerva» kam durchaus als Plattform einer breit geführten Debatte in Betracht. In Mitteleuropa war im Gefolge der Aufklärung eine kritische bürgerliche Öffentlichkeit entstanden; das Bürgertum hatte seine weitgehend indifferente Haltung gegenüber dem Militärwesen aufgegeben. Die bislang im Kreis uniformierter Militärexperten geführte Strategiediskussion öffnete sich zunehmend dem zivilen Publikum, auch Scharnhorsts «Militärische Gesellschaft» trug zu dieser Entwicklung bei. Bezeichnend für die Wende vom 18. zum 19. Jahrhundert ist eine Flut von Pamphleten und oftmals kurzlebigen Zeitschriften, die das Militärwesen immer schärfer unter eine – häufig verzerrende – Lupe nahmen. Auch Berenhorst und Bülow sind typisch für diese neue Militärpublizistik. Clausewitz' Veröffentlichungen müssen ebenfalls in diesem Zusammenhang gesehen werden.

In den *Historischen Briefen über die großen Kriegsereignisse im Oktober 1806* hatte der preußische Berufsoffizier recht freimütig über die Stärken, insbesondere aber über die zutage getretenen Schwächen des für unbesiegbar gehaltenen preußischen Heeres räsoniert. Auch sein eigener Oberbefehlshaber, Friedrich Ludwig Fürst von Hohenlohe-Ingelfingen, wurde reichlich mit Kritik bedacht: *Mangel an Genialität und außerordentlichem Talent allein* reichen hin, *über die Armee und den Feldherrn das Unglück herbeizuführen... daß es also ganz unnötig ist, seine*

Zuflucht zu Suppositionen zu nehmen, die auch das Herz und Rechtlichkeit angreifen ... Clausewitz kritisiert hier den planlosen Rückzug der preußischen Truppen, die schließlich über Nordhausen, Blankenburg, Halberstadt die Festung Magdeburg erreichten, dort sich jedoch nicht zum Widerstand versammelten, sondern nach kurzem Halt in nunmehr völliger Auflösung weiter Richtung Neuruppin und Prenzlau marschierten. Weil man – in der anachronistischen Manövriertaktik des Kabinettskriegs – jedes Gefecht zu vermeiden suchte, wurden die Umwege immer länger, die Ermattung der Truppen um so größer, die Moral der Betroffenen sank immer tiefer. Clausewitz räumt ein, daß wegen des weit überlegenen Gegners die Niederlage von Jena und Auerstedt akzeptiert werden müsse. Was ihn in Rage bringt ist jene kleinmütige Mischung aus starrem Festhalten am Überlebten und völlig planlosen Aktionen. Es hätte auf jeden Fall ein weiteres Gefecht geliefert werden müssen, weniger aus taktischen, denn aus psychologischen Gründen: *Möglich war die Rettung bloß durch die entgegengesetzten Mittel: wenn man ... sich den geraden Weg da bahnte, wo man Widerstand fand. Dazu gehört nichts, als der Mut der Verzweiflung. Dieser Mut der Verzweiflung ist so gut ein Gegenstand des militärischen Kalküls, wie jede andere gegebene Größe ... Die geringe Wahrscheinlichkeit des glücklichen Erfolgs ist ein unverständiger Einwurf; denn im Kriege kommt es nicht auf den absoluten, sondern auf den relativen Grad der Wahrscheinlichkeit an, und die kleinste Wahrscheinlichkeit ist immer größer, als gar keine.* Mit Blick auf seinen Oberbefehlshaber resümiert er, *der Name der preußischen Armee und der des Fürsten Hohenlohe wäre gerettet worden* [37]. Hier zeigt sich bereits ein entscheidender, revolutionärer Zug in Clausewitz' Denken: der Vorrang *moralischer Größen*, das heißt in unserer Sprache: der Psychologie bzw. der Motivation. Nichts war dem in Preußen ausklingenden spätaufklärerischen Geist fremder, hegte man doch das vielleicht glücklichere Bewußtsein, gerade dank ausgeklügelter Rationalität auch das Irrationale des Kriegs- und Militärwesens unter Kontrolle gebracht zu haben. Jena und Auerstedt lieferte den bitteren Gegenbeweis.

Aufgezwungene Bildungsreise

In Nancy sind Prinz August von Preußen und sein begleitender Adjutant sich selbst überlassen. Weil sich hier jedoch viele ebenfalls Internierte der Division von Schmettau befinden, mit deren Offizierkorps sich gesellige Kontakte entwickeln, werden der Prinz und Clausewitz auf Befehl des Gouverneurs von Nancy in die Nähe von Paris verlegt. Vier kleinere Orte bot man dem königlichen Gefangenen zur Auswahl an, darunter Soissons, auf das die Wahl des Prinzen fiel. Von dieser unfreiwilligen Bildungsreise stammen aufschlußreiche Selbstzeugnisse in Form der Reiseberichte, die Clausewitz an Marie von Brühl sendet. Die völlig freimütigen

Äußerungen auch über den französischen Gegner in diesen Briefen demonstrieren dem heutigen Leser, wie wenig totalitär sich die Politik gegenüber Gefangenen aufführte – vollständige Zensur und Unterdrückung jeglicher freien Meinungsäußerung werden erst für die Gefangenen- und Konzentrationslager des 20. Jahrhunderts typisch. So schreibt Clausewitz am 16. Januar 1807 prägnant und unverblümt über seine Gefühle beim Passieren der Grenze: *Welch eine Empfindung, als ich zum ersten Mal den deutschen Genius so ganz verschwinden fühlte und nichts als französisch sprechen hörte! Das war unter allen der unangenehmste Augenblick, und – im Vertrauen gesagt, Marie, ich habe seitdem das Heimweh wie ein junger Schweizerbursche von 18 Jahren.*

Der Aufenthalt in Soissons, unterbrochen durch einen vierzehntägigen Besuch in Paris, endet am 1. August 1807. Gerade die Pariser Eindrücke spiegeln sich in seinen Berichten wider und belegen, wie sehr er sich zu bilden sucht, wenn auch immer wieder der Schmerz darüber spürbar wird, dies alles gegen seinen freien Willen zu unternehmen: *Ich habe es wohl geahnt, wie wenig mir Paris sein würde... Es ist entsetzlich, in seinem Leben der Tendenz eines anderen zu folgen, der nicht gemacht ist wie wir...* Dennoch laufen sie *was unsere physischen Kräfte nur aushalten können*, um Theateraufführungen und Kunstwerke zu bewundern. Er berichtet Marie von Brühl ausführlich und in einfühlsamer Weise: *In Raffael*

Die Place de la Concorde in Paris.
Gouache von
Thomas Charles Naudet,
um 1800

habe ich die Schönheit der menschlichen Bildung, in Rubens die Schönheit der Komposition bewundert. Clausewitz sieht sich selbst *gegenüber der stillen Spiegelfläche der Kunst*, in der er seinen Zustand deutlich erkennt: *...ich fühle in mir ein bestimmtes Streben nach einem edlen Zweck, und es sollen in mir, wie in einem wohlgeordneten Staate, diesem Streben alle Kräfte Gehorsam leisten* (29. März 1807). In dieser Zeit vervollkommnet Clausewitz sein Französisch, auch wenn ihn – wie er in einer Studie aus der Verbannungszeit schreibt – die nationalistische Überheblichkeit der französischen Geisteshaltung und die auf Brillanz zielende Sprache nicht sehr beeindrucken. Trotz des Gefühls der Abneigung, das ihn angesichts seiner und Preußens Lage verständlicherweise befällt, blickt er über die Gegenwart hinaus: *...aus dem Verhältnis aber, in welchem beide Nationen als Menschen untereinander stehen, möchte manches wichtige Resultat für die Zukunft fließen.*[38]

Nach dem für Preußen bedrückenden Frieden von Tilsit im Juli 1807 werden die Internierten aus dem engeren geographischen Verbannungskreis um Paris entlassen, sie müssen sich jedoch weiterhin im französischen Machtbereich aufhalten. Der Prinz entscheidet sich für die Schweiz, in erster Linie deshalb, weil er Madame de Staël besuchen möchte. Ihren gerade erschienenen Roman «Corinne ou l'Italie» hatte der Prinz Clausewitz noch in Soissons gegeben. Aus einem Brief vom

Germaine de Staël (1766–1817) als «Corinna».
Gemälde von Elisabeth Vigée-Lebrun

2. Juni 1807 an Marie von Brühl wird ersichtlich, daß Clausewitz den Roman mit allerdings von Skepsis geminderter Zustimmung gelesen hat. Am 1. August verlassen sie Soissons und treffen über Dijon und Genf am 11. des Monats in Schloß Coppet am Genfer See ein. Die Schloßherrin war zu ihrer Zeit die in Deutschland am meisten geschätzte französische Autorin. Das Schloß galt schon den Zeitgenossen als geistiger Mittelpunkt deutsch-französischer Begegnung. Die geborene Schweizerin Germaine de Staël, Tochter des früheren Finanzministers Ludwigs XVI., Jacques Necker, hatte 1804 in Berlin – wo sie auch Königin Luise begegnet war – die Bekanntschaft August Wilhelm Schlegels gemacht. In jene Zeit fällt auch die Begegnung zwischen Prinz August und dieser Verehrerin der deutschen Literatur. Nach dem Tod ihres Mannes suchte Madame de Staël einen Erzieher für ihre Kinder. Sie engagierte Schlegel, dessen Ehe mit Caroline, der «Muse der Romantik», 1802 geschieden worden war. So gelangte Schlegel nach Coppet, und Clausewitz kommt zum er-

August Wilhelm von Schlegel
(1767–1845).
Kupferstich von Gustav Adolph
Ludwig Zumpe, um 1810

Schloß Coppet am Genfer See. Holzstich, um 1865

stenmal mit einem führenden Vertreter der deutschen Romantik in Berührung. Aus dem Kontakt erwächst für die Zeit dort ein intensiver Gedankenaustausch, ja, eine literarische Freundschaft.

Clausewitz begegnet in Coppet auch Pestalozzi, dessen pädagogisches Institut in Yverdon er besucht. Er verfaßt eine Studie über seine Eindrücke, von der allerdings nur noch Fragmente erhalten sind. Bemerkenswerterweise interessiert sich Clausewitz vor allem dafür, inwieweit Pestalozzis Methode zu einer Stärkung der *Meditations-Kraft* führe. Seine Briefe an Marie von Brühl spiegeln diese Bildungsphase wider; sie belegen aber auch, wie trotz aller literarischen und ästhetischen Neigungen immer wieder Clausewitz' primäres Interesse durchschlägt: die internationale Politik und natürlich die schwierige Lage Preußens nach dem Frieden von Tilsit: *Nirgends weiß ich Trost zu finden; denn Trost ohne Erhebung gibt es nicht, und auf welchen Gegenstand dieser Welt soll man den Blick richten, um sich erhoben zu fühlen? Sollen wir aus der entehrenden Gegenwart in die ruhmvollere Vergangenheit fliehen? Ich kann mich nicht damit begnügen, daß unsere Urgroßväter ehrenfeste Männer waren und dafür galten; das ist es ja, was unsere Schande auf uns... wirft; jedes Lob, was man ihnen erteilt, ist ein Hohnspruch mehr, auf uns ausgestoßen.* (5. Oktober 1807)

Die endgültige Entlassung aus dem erzwungenen Bildungsurlaub erfolgt Anfang Oktober. Die Pässe treffen ein. Am 9. Oktober 1807 schreibt Clausewitz nochmals aus Coppet: *In drei Wochen von hier... siehst Du mich vor Dir stehen – und ich! O ich Glücklicher, werde Dich in meine Arme schließen und mit der heißesten Liebe an mein Herz drücken. Hiermit wäre also wieder eine Lebensperiode geendigt, und zwar eine höchst traurige! Gebe der Himmel, daß die nächstfolgende eine bessere sein möge; denn ich bin im Mannesalter, und jedes Jahr, was ich jetzt von der mir zugezählten Anzahl zurücklege, ist drei frühere oder spätere wert.*

Rückkehr in ein verändertes Land

Im November 1807 kehrten die beiden Verbannten nach Berlin zurück. Die Hauptstadt, wie fast ganz Preußen, war von den Eroberern besetzt. In Berlin war die Präsenz der Franzosen peinigend – Clausewitz hatte den Anblick fremder Wachtparaden ebenso zu ertragen wie die beklemmende Allgegenwart französischer Uniformen auf den ihm vertrauten Straßen und Plätzen. Der Hof hatte sich nach Memel, in die äußerste Ecke Preußens, zurückgezogen. Das Wiedersehen mit Marie von Brühl war nach wie vor überschattet von den damals geltenden gesellschaftlichen Konventionen: Clausewitz war nicht standesgemäß; ja, die trüben und fragwürdigen Perspektiven seiner militärischen Laufbahn, die auf das engste mit dem weiteren Schicksal des preußischen Staates verknüpft waren, schienen die Verbindung mit ihr ganz und gar unmöglich zu machen. Man würde jedoch dem Charakter von Clausewitz nicht gerecht, wollte man seine weiteren Schritte aus einer Mischung von privaten und beruflichen Ambitionen heraus zu erklären suchen. Damit würde man ihn zu ‹bürgerlich› zeichnen. Die von seinen Biographen und Interpreten entworfenen Charakterbilder sowie seine Selbstzeugnisse weisen eindeutig einen anderen Erklärungsweg. Für Clausewitz gilt, wie Hans Rothfels sagt, «der individualistische Grundzug, der Anspruch des idealischen Menschen auf Ausbildung und Steigerung seines Ich. Indem dieses Postulat durch Clausewitz' besondere Lebensumstände zu leidenschaftlicher Dringlichkeit anwuchs, arbeitete sich in seinen Gedanken der Begriff des Staates scharf und klar heraus, als Träger der Macht, als die große Hebelkraft geistiger und nationaler Gesundheit, die den einzelnen mit sich fortreißt, ihn erst auf den Weg zur Höhe führt.»[39] Hier klingt die Staatsauffassung Johann Gottlieb Fichtes an; man sollte jedoch auch Friedrich Hölderlins Begriff des Vaterlands mitbedenken, der ja nur im spießerhaften Rückblick ignorant nationalistische Züge zu tragen scheint, zu seiner Zeit – und so wirkte er auf Clausewitz – aber ein fortschrittliches, an den Ideen der Französischen Revolution orientiertes Programm bedeutete.[40] Allerdings sei auch

Napoleon und sein Generalstab ziehen am 27. Oktober 1806 in Berlin ein.
Gemälde von Charles Meynier, 1807

Karl Reichsfreiherr vom und zum Stein (1757–1831).
Zeichnung von Friedrich Bury, 1806

hier hervorgehoben, daß es sich bei allen diesen intellektuellen Reaktio-
nen auf deutscher Seite nicht um simple Übernahmen revolutionärer Impulse handelte, sondern um aufhebende Ideen im Sinne Hegels: Das
Progressive der Revolution wird erkannt und anerkannt, doch die Erfahrungen mit der Terreur sowie mit dem napoleonischen Expansionismus
führen zu einem komplexeren Nationalgedanken, der weltbürgerliches
und territorial gebundenes Bewußtsein zu einer neuen Einheit vermittelt.

Zunächst sucht Clausewitz die Beziehung zu Scharnhorst wiederherzustellen. Der Faden zwischen dem väterlichen Freund und dem Schüler
war nicht ganz abgerissen: Zwei Briefe Scharnhorsts an Clausewitz gingen verloren, vielleicht als Folge von Zensur und Spitzelei, worauf
Scharnhorst in einem Brief an Clausewitz aus Memel vom 27. November
1807 hinweist. Seinerseits hatte Clausewitz von Frankreich aus einem

Schreiben an Marie von Brühl einen Brief an Scharnhorst beigelegt, auch diesem Versuch war offenkundig bereits ein anderer vorausgegangen. Jetzt, von Berlin aus, kommt die Verbindung wieder zustande, und sie gelingt in einem für Clausewitz äußerst günstigen Moment. Denn die allgemeine Lage hat sich, zumindest unter der Oberfläche, deutlich gewandelt: Nach dem Schock der militärischen und in der Folge gesamtpolitischen Katastrophe hatte die preußische Führung begriffen, daß nur noch radikale Reformen die Situation verändern konnten. Schon im Juli 1807 war eine Reformkommission für die Streitkräfte ins Leben gerufen worden. Im Oktober folgte als erste politisch wirksame Maßnahme das Edikt zur Bauernbefreiung, eine erste Konsequenz der Wiederberufung des Reichsfreiherrn Karl vom und zum Stein. Zugleich wurde mit der Vergangenheit abgerechnet: eine besondere Kommission unter dem Vorsitz der Prinzen Wilhelm und Heinrich untersuchte die «Kapitulationen und sonstigen Ereignisse des letzten Krieges». Viele Festungskommandanten wurden bestraft, der Kommandant von Küstrin sogar zum Tode verurteilt. Als Vorsitzender der Militär-Reorganisationskommission suchte Scharnhorst – neben taktischen und technischen Neuerungen – vor allem

Königsberg. Paradeplatz mit Schloß und Altstädter Kirche. Gouache, um 1800

eine zentrale Aufgabe zu verwirklichen: die von den revolutionären Franzosen vorexerzierte Nationalbewaffnung. Sie konnte nur unter der Voraussetzung eines völlig neuen Verhältnisses des Bürgers zum Staat gedacht werden und gelingen. Die Grundgedanken Steins und Scharnhorsts stimmten vollständig mit den staatspolitischen Vorstellungen von Clausewitz überein.

Im Januar 1808 wurde der Hof von Memel nach Königsberg verlegt. Wichtige Behörden und Kommissionen folgten, und wenig später ging Clausewitz' Wunsch in Erfüllung, dem neuen politischen Zentrum der Monarchie so nahe wie möglich zu sein: Prinz August wurde an den Hof zurückberufen, wo er sich an den Arbeiten der militärischen Reformer beteiligen sollte. Wenn ihn die Trennung von Marie von Brühl auch schmerzte, so konnte Clausewitz doch erwarten, in Königsberg seinem staatspolitischen Lebensziel zu dienen und seine beruflichen und persönlichen Probleme vielleicht zum Positiven zu wenden. Gleich nach seiner Ankunft berichtet er an Marie von Brühl: *Ich habe Scharnhorst gesehen; er hat mich sehr freundschaftlich aufgenommen... Er hat mir in dieser ersten Unterredung so viele Dinge zu erzählen gehabt, die unsere Ereignisse, die gegenwärtige Lage, die Zukunft betreffen ... daß ich noch bei weitem nicht alles weiß, was mich interessierte... Du kannst Dir also vorstellen, daß noch gar nicht Zeit gewesen ist, mit ihm von meiner eigenen Lage zu sprechen...*

Wieder erweist sich für ihn, wie eng sein eigenes Schicksal mit dem Staatsganzen verflochten ist: Auf ein Avancement kann er erst hoffen, wenn die *Armee reorganisiert* ist; jetzt, *solange dies System noch nicht in Ausführung gebracht*, könnte Scharnhorst eine Beförderung *nur als eine besondere Gnade fordern, was nicht in seiner Art ist, und ich fühle mich doch zu edelmütig, um es ihm auch nur zuzumuten*[41]. So richtet sich der Adjutant Clausewitz darauf ein, seine Zeit möglichst nutzbringend auszufüllen. Kleinere Geselligkeiten am Hof und im Scharnhorstschen Kreis, zu dem auch der Kolberg-Verteidiger Gneisenau sowie andere Reformer stoßen, bieten gute Gelegenheit, mehr und mehr an der «Revolution von oben» mitzuwirken.

Mitarbeit an der Reform

Der Einfluß Scharnhorsts war in der Tat nicht groß genug, um dem Stabskapitän zu einer Beförderung und – vor allem – zu einer ihn intellektuell ausfüllenden, beruflichen Betätigung zu verhelfen. Doch der väterliche Freund vermochte es immerhin, dem inzwischen Achtundzwanzigjährigen tiefere Kenntnisse der mühseligen Reformarbeit zu vermitteln.

Clausewitz berichtet nach Berlin, daß er jetzt – der Brief datiert vom 10. August 1808 – zum erstenmal in seinem Leben aus dem engen Wirkungskreis seiner Privatsphäre herausgetreten sei. Denn Scharnhorst habe ihm *Einblick in seine wohl geheimsten Pläne gegeben. Er hat mit mir über Dinge von der höchsten Wichtigkeit gesprochen.* Clausewitz spielt hier auf das weitgefaßte Konzept der Reformer an, unter der Decke der französischen Okkupation und Spitzelherrschaft Zug um Zug in einer streng kontrollierten Revolution von oben die gesellschaftlichen und militärpolitischen Voraussetzungen für die Erhebung gegen Napoleon zu schaffen. Hierbei hatten die Reformer nicht nur den äußeren Gegner zu beachten. Mit wilder Entschlossenheit kämpfte auch der reaktionäre Landadel gegen die «revolutionäre Gleichmacherei» und das «Otterngezücht» dieser jakobinischen Umstürzler. Wortführer des Protests waren unter anderen der General Friedrich August von York sowie der spätere Führer der preußischen Altkonservativen, Friedrich August von der Marwitz, der mit Marie von Brühls 1804 verstorbener Schwester Franziska verheiratet gewesen war. So gelang es Scharnhorst nicht, beim König die allgemeine Wehrpflicht durchzusetzen. Die militärischen Reformer verfielen daher auf den subversiven Ausweg, durch Kurzausbildung der Einberufenen eine heimliche Reserve aufzubauen. Jede Kompanie erhielt einen Rekrutierungsbezirk, aus dem sie monatlich fünf Rekruten einzog und in den sie ebenso viele Ausgebildete wieder entließ. Mitten in dieser ersten Phase einer Teilreform wurde das Konzept einer umfassenden Reform im Kern getroffen: Der Reichsfreiherr vom und zum Stein hatte sich unvorsichtigerweise in Briefen an Vertraute in den französisch besetzten Gebieten Westdeutschlands über Aufstandspläne geäußert. Einer der Kuriere wurde von der Besatzungsmacht abgefangen. Napoleon konnte der preußischen Verhandlungsdelegation, die in Paris um eine Verringerung der Kontributionslasten nachsuchen wollte, den abgefangenen Brief präsentieren. Stein mußte bei Nacht und Nebel ins österreichische Prag fliehen. Mit Steins Sturz verlor die Reformbewegung ihre Dynamik und vor allem ihren gesamtpolitischen Impetus. Faktisch mußte jetzt die Militärreform die Lücke füllen, indem hier möglichst auch gesellschaftspolitisch weitreichende Forderungen verwirklicht wurden. Doch eben hiergegen wandten sich die inneren wie der äußere Gegner.

Immerhin vermochte Scharnhorst – die Steinsche Staatsreform wenigstens in einem Teilbereich demonstrierend – eine moderne Ministerialstruktur für die Lenkung der Militär- und Sicherheitspolitik beim König durchzusetzen. Damit änderte sich auch für seinen Schüler die Situation grundlegend: Im Februar 1809 kann ihn Scharnhorst in seine Dienste nehmen. Clausewitz wurde dem Allgemeinen Kriegsdepartement zugewiesen und gleichzeitig vom Stabskapitän zum wirklichen Kapitän befördert. An jenem 23. Februar berichtet er sogleich nach Berlin über diese bedeutsame Wende in seinem Leben. Wie erlöst von einem lange lastenden Druck schreibt er: ... *wie machen sich da die Geschäfte so ganz anders als wie bisher! Mir ist, als träte ich aus einer kalten Todtengruft in das Leben eines schönen Frühlingstages zurück.* Von nun an «bestimmten jene Verände-

Anfangsseite der «Nassauer Denkschrift» des Freiherrn vom Stein, 1807: «Ueber die zweckmäßige Bildung des Obersten und der Provinzial, Finanz und Polizey-Behörden in der Preussischen Monarchie»

rungen personeller wie organisatorischer Art, wie sie Scharnhorst und dessen Wirken in Hinkunft betrafen, auch Clausewitz' weiteres Schicksal in diesem Bereich, seine Stellung und die Art seiner Tätigkeit»[42].

Schon bevor Clausewitz ihm offiziell unterstellt worden war, hatte Scharnhorst den Stabskapitän gelegentlich mit Arbeiten für die Presse betraut. Er erhält nun den *drolligen Auftrag*, über die militärischen Reformmaßnahmen *Recensionen zu schreiben, und zwar gleich drei Stück.* Wie weiter aus diesem am 4. September 1808 geschriebenen Bericht hervorgeht, sollten diese Rezensionen an führende Intelligenzblätter, zum Beispiel die «Hallische Literaturzeitung», geschickt werden. Außerdem – und dies erinnert schon an psychologische Konsolidierungsmaßnahmen des 20. Jahrhunderts – soll er auch ein Buch über vorbildliche Taten im Krieg von 1806/07 *zur Erweckung des Gemeingeistes fabrizieren.* Auch hier dokumentiert sich die moderne Denkweise Scharnhorsts: Er bedient sich des neuen Mediums einer bürgerlichen Öffentlichkeit im Interesse seines langfristigen Ziels – der Einheit von Nation und Armee. Clausewitz nutzt die aufgezwungene Muße in Königsberg dazu, seine Allgemeinbildung weiter zu vertiefen. Er setzt seine Kant-Studien fort. Fichte, der mit seinen Berliner Vorlesungen das Nationalbewußtsein zu mobilisieren sucht, fesselt seine Aufmerksamkeit.

Schließlich schreibt er sogar an den damals prominentesten Philosophen Preußens als *Ein ungenannter Militär an Fichte als den Verfasser des Aufsatzes über Machiavelli*... Wir gehen darauf im zweiten Teil ein.

An der Reform des Heeres und der Kriegführung kann Clausewitz jetzt an zentraler Stelle mitwirken, wenngleich seine Mitarbeit kaum deutlich in Erscheinung tritt. Er führt die Scharnhorstsche Dienstkorrespondenz, wodurch er sich praktisch in alle Zweige des sich modernisierenden preußischen Militärwesens einarbeitet. Federführend ist er auch bei wichtigen Dienstvorschriften, so den Exerzierreglements für die Infanterie und die Kavallerie – Vorschriften, die noch für Jahrzehnte die Grundlage der taktischen Ausbildung in der preußischen Armee bleiben. Damals von ihm entwickelte Kommandoworte sind teilweise noch heute in der Bundeswehr gebräuchlich.[43] Außerdem hat er zweimal in der Woche beim Kriegsdepartement über die Entwicklung der internationalen Lage zu berichten.

Persönliches Geschick und politisch-militärische Lage greifen wieder ineinander, das Jahr 1809 besitzt in beiderlei Hinsicht für den «wirklichen Kapitän» existentielle Bedeutung. In Europa setzte der Freiheitskampf der spanischen Guerilla neue Zeichen der Hoffnung. In Österreich erhoben sich die Tiroler unter Andreas Hofer. Im nunmehr fünften Koalitionskrieg gelang es der österreichischen Armee unter Erzherzog Karl erstmals, Napoleon in der Schlacht bei Aspern zu besiegen. Zwei Jahre zuvor war Napoleon in der Schlacht bei Preußisch-Eylau von den vereinigten russisch-preußischen Truppen ein unentschiedener Ausgang abgerungen worden, jetzt mußte Napoleon eine Niederlage hinnehmen. Dies hatte Signalwirkung, wenn auch schließlich Österreich kapitulieren mußte – die Volksaufstände schwelten weiter. Die spanische Guerilla, von regulären britischen Truppen einschließlich einer deutschen Legion unter dem nach England geflohenen Herzog Friedrich Wilhelm von Braunschweig unterstützt, leistete trotz immer massiverer Intervention der Franzosen erfolgreich Widerstand. Auch das aufständische Tirol kam nicht zur Ruhe. In Norddeutschland bedrohten die Streifzüge des Husarenobristen Ferdinand von Schill, Kommandeur des Berliner Husarenregiments, kurze Zeit die Besatzungsmacht. Schill wollte auf eigene Faust ein Fanal für den Volksaufstand setzen; wo er auftauchte – in Dessau, Bernburg, Halle – jubelten ihm die Menschen zu. Doch die Zeit war noch nicht reif: Schill fiel am 31. März 1809 bei Straßenkämpfen in Stralsund, seine Offiziere wurden in Wesel erschossen, die Mannschaften verschwanden auf französischen Galeeren. In *Vom Kriege* zog Clausewitz später – im berühmten Volksbewaffnungskapitel – die Lehren aus diesen mißglückten Unternehmungen. Eine kleine Affäre schien zeitweilig das Verhältnis der Gräfin Brühl zu Clausewitz beeinflußt zu haben. Der attraktive Husarenkommandeur Schill war häufiger Gast der Frau von Berg, in deren Haus sich ein kleiner elitärer Kreis versammelt hatte. Wie Marie

Ferdinand von Schill
(1776–1809).
Punktierstich von
Ludwig Buchhorn,
um 1810

etwa am 17. März 1809 schrieb, waren ihr Vetter Carl von Brühl und Schill «tägliche Gesellschafter; ab und zu kommen die beiden Arnim... W. Humboldt, Kettenburg usw.» Allerdings findet Clausewitz in allen folgenden Briefen nur bewundernde Worte für Schills Aktionen. Er ergreift eindeutig Schills Partei, der gegenüber die Reaktionäre und Französlinge postiert werden. Am 10. Mai schreibt er nach Berlin, *Schills Tat wird hier vom Militär allgemein verdammt, und die alten Herren schnauben vor Wut.* Immerhin besteht Grund zu der Annahme, daß gewisse auffallende Lücken in der sonst kontinuierlichen Abfolge von Briefen sowie eine längere Erkältungskrankheit Clausewitz' nicht allein auf dienstliche Überforderung oder auf das rauhere ostpreußische Klima zurückzuführen sind.

Die konspirative Zeit

Am Ende dieses kritischen Jahres 1809 kehrt der Hof wieder nach Berlin zurück. Clausewitz' Lage verändert sich jetzt beruflich wie auch privat deutlich zum Besseren. Als Bürochef Scharnhorsts kann er mit weiterem Aufstieg in der militärischen Hierarchie rechnen. Dies wiederum scheint auch die Einstellung der Gräfin-Mutter gegenüber dem so wenig Standesgemäßen positiv beeinflußt zu haben; jedenfalls nimmt sie den intensiven Briefwechsel jener Jahre zumindest als nicht zu verhindern hin. Ende August 1810 verloben sich Marie von Brühl und Carl von Clausewitz. Zum gleichen Zeitpunkt wird Clausewitz mit gerade 30 Jahren zum Major befördert. Kurz zuvor ist er in den Generalstab versetzt worden, im Oktober schließlich tritt er eine Stelle an, die seinen Fähigkeiten in ganz besonderer Weise entspricht: Er wird Lehrer für Generalstabsdienst und Kleinen Krieg an der noch vor der Katastrophe von Jena und Auerstedt von Scharnhorst reformierten, jetzt aber erst richtig gedeihenden Allgemeinen Kriegsschule. Die militärische Bildungsreform ging sinn- und zeitgleich einher mit der allgemeinen Reform des Bildungswesens in Preußen. Nach dem Muster der bereits ein Jahr zuvor durch Wilhelm von Humboldt maßgeblich betriebenen Universitätsgründung sollte auch die Scharnhorstsche Kriegsakademie im universitären Geist berufsbezogene Wissenschaft vermitteln. Etwa die Hälfte der Fächer sollte allgemein-wissenschaftlichen, die andere Hälfte militärwissenschaftlichen Inhalten dienen.

Über seine Lehrtätigkeit hinaus wird Clausewitz noch beauftragt, den preußischen Kronprinzen Friedrich Wilhelm, dessen Bruder – später Kaiser Wilhelm I. – und den Prinzen Friedrich der Niederlande in den Militärwissenschaften zu unterrichten. Wir gehen auf diese für die Entstehung des Werks *Vom Kriege* wichtigen Tätigkeiten im zweiten Teil ein.

Die Jahre zwischen 1809 und der preußischen Erhebung 1813 sind eine konspirative Zeit, «wie sie in der deutschen Geschichte ihresgleichen suchen. Es geht nicht nur um die Anfänge der heimlichen Volksbewaffnung... es geht auch nicht bloß um den Widerstand gegen die Besatzungsmacht, wobei der individuelle Terror unterbleibt, sondern um die Erneuerung des Ganzen, die Integration der neu aufzubauenden Armee in eine Gesellschaft, die sich trotz noch vorhandener Standesunterschiede als Ganzes empfindet...»[44] Die eigentlich treibende, in die Revolution von oben engagierte Gruppe läßt sich an den Fingern einer Hand abzählen: Es sind Stein, Scharnhorst, Gneisenau, Clausewitz und Hermann von Boyen. Alle Mitglieder dieses kleinen elitären Kreises mußten sich mehr oder weniger rasch – zumeist heimlich – absetzen. Stein flüchtete Anfang 1809 nach Prag, Scharnhorst ging nach Schlesien, Gneisenau betätigte sich – nach vergeblichen geheimen Auslandsmissionen – im Jahre 1810 als Landwirt ebenfalls in Schlesien. Clausewitz emigrierte 1812 nach Rußland, Boyen ging den gleichen Weg. In dieser Zeit entwickelt Clausewitz, über die engen Beziehungen in der Reformergruppe hinaus, eine besondere Bindung an Gneisenau, die für die Nachkriegszeit bis zu seinem Tod intensiv und bestimmend bleiben wird. In diesem Verhältnis könnte man eine Parallele zur Schüler-Lehrer-Beziehung zwischen Clausewitz und Scharnhorst sehen. Doch war Clausewitz inzwischen, auch dank der Verbindung zu Scharnhorst, zu einer sich ihres geistigen Selbstwertes bewußten Persönlichkeit herangereift. Zudem muß Gneisenau in einem gewissen Kontrast zu Scharnhorst gesehen werden: War Scharnhorst ein tief geistiger, aber eher schüchtern und in sich gekehrt wirkender Mann, so erschien Gneisenau dagegen als strahlender Kriegsheld. In vieler Hinsicht, so urteilt etwa Herbert Rosinski über Gneisenau, «bildete er die ideale Ergänzung zu seinem Chef. Er war eine große, eindrucksvolle, kriegerische Erscheinung, das Idealbild eines Heros; überall zog er durch sein Auftreten die Blicke der Menschen auf sich; er strahlte förmlich durch seine majestätische Haltung und seinen sprühenden Geist und war eigentlich mehr ein Mann der Tat als der Feder.»[45] Doch war er alles andere als ein reiner Haudegen. Bei den Jesuiten in Würzburg und an der Universität Erfurt hatte er eine sorgfältige Erziehung erhalten. In ihm «vereinigten sich ein außergewöhnlich geschulter und hoher Intellekt mit einem leidenschaftlichen, poetischen Temperament»[46]. Er hatte noch am Ende des amerikanischen Unabhängigkeitskriegs im Truppenkontingent von Ansbach-Bayreuth auf britischer Seite gestanden, ohne allerdings die ersehnte Fronterfahrung machen zu können. Nach seinem Eintritt in preußische Dienste und nach Jahren entnervender Garnisonsroutine bewährte er sich im Strudel der Niederlage gegen Napoleon: Er hielt die kleine Festung Kolberg bis zum Frieden von Tilsit 1808 gegen einen weit überlegenen Feind. Damit setzte er ein Signal; seine populäre Tat empfahl ihn für die Mitarbeit an der Revolution von oben.

Nachdem Stein geflohen war, gerät der auffällige Gneisenau in das Blickfeld der mißtrauischen Besatzungsmacht. Gneisenau reicht Ende 1809 deshalb ostentativ sein Entlassungsgesuch ein, das der König verständnisvoll annimmt, um ihn dann unverzüglich mit geheimen Missionen

König Friedrich Wilhelm III. führt am 15. Oktober 1805 den zum Offizier ernannten Kronprinzen Friedrich Wilhelm der Mutter, Königin Luise, und den Schwestern zu. Stich von Johann Ferdinand Krethlow, 1807

zu betrauen. Gneisenau geht auf die Suche nach Bundesgenossen, und hier kommt in der prekären politischen Gesamtlage allein England in Betracht. Die Briten unterstützen bereits den spanischen Volkskrieg mit Erfolg und denken nun an einen weiteren Angriff auf die von Napoleon besetzten Länder. Gneisenau begibt sich auf einem Segelboot nach Schweden, von dort reist er weiter nach England. Doch die Briten landen nicht, wie erwünscht, in Norddeutschland, sondern – ohne Erfolg – an der Scheldemündung. Gneisenau kehrt enttäuscht auf den Kontinent zurück und sucht in St. Petersburg konspirative Fäden zu knüpfen, stets das Ziel

August Neidhardt
von Gneisenau
(1760–1831).
Gemälde von
Franz Krüger,
1813

einer anti-napoleonischen Koalition vor Augen. Schließlich, als auch hier seine Bemühungen ohne konkretes Ergebnis bleiben, zieht er sich im Sommer 1810 auf sein schlesisches Landgut zurück. Dank des erhalten gebliebenen Briefwechsels zwischen Clausewitz und Gneisenau lassen sich oft bis in absonderlich anmutende Einzelheiten hinein – so tauchen in den Briefen bis heute noch nicht entzifferte Zahlenkolonnen auf – diese verdeckten Aktionen rekonstruieren.

Nachdem Gneisenau in England gescheitert war, blieb als ernsthafter Gegner Napoleons allein Rußland. Scharnhorst reist im September 1811 unter falschem Namen nach Zarskoje Selo, wo es ihm gelingt, mit Zar Alexander I. einen förmlichen Allianzvertrag abzuschließen. Doch Friedrich Wilhelm III. ist noch unschlüssig. Zwar kann er bereits mit einer Armee von rund 80000 Mann rechnen – das ist, dank des raffinierten Kurzausbildungs- bzw. Krümpersystems Scharnhorsts, immerhin das Doppelte der von Napoleon zugestandenen Truppenstärke. Aber der König hält einen Umschwung der Lage noch nicht für gegeben, außerdem glaubt er an die Genialität Napoleons. So schließt er noch im Februar 1812 ein Militärbündnis mit Frankreich. Nur wenige Wochen später rücken bereits französische Verstärkungen in Berlin ein. Der Aufmarsch gegen Rußland beginnt. Die konspirativen Fäden werden jedoch noch weiter gesponnen: Stein gelangt über Wien nach St. Petersburg, Gneisenau reist erneut in geheimer Mission unter anderem nach Rußland, Boyen hält ebenfalls die Verbindung zum Zaren. Clausewitz schließlich kommt im März 1812 um seinen Abschied ein, um die Fronten zu wechseln. Diese Handlung erschien nur denjenigen paradox, die in Clausewitz einen Mann des Hofes sahen. Schließlich war er lange Adjutant und Prinzenlehrer gewesen. Überdies hatte er eine Hofdame geheiratet: Nachdem sie sich Ende August 1810 öffentlich verlobt hatten, konnten Carl von Clausewitz und Marie von Brühl am 17. Dezember endlich heiraten. Es war eine stille, intime Feier ohne Empfänge und Diners. Die Namen der Trauzeugen oder anderer Persönlichkeiten, die an der Trauung in der Berliner Marienkirche teilnahmen, sind unbekannt geblieben. Vermutlich hängt diese Diskretion mit der für die damalige Zeit immer noch ungewöhnlichen Verbindung zusammen, wenn auch der Widerstand der Familie Brühl überwunden war. Vielleicht trugen auch die revolutionären Zeitläufe dazu bei, daß diese als Bruch mit den Konventionen erscheinende Verbindung schließlich hingenommen wurde. Mit Sicherheit hat die herausgehobene Stellung von Clausewitz, seine Beziehung zu Scharnhorst und damit auch zum König, eine Rolle gespielt. Als Clausewitz im Frühjahr 1812 um seinen Abschied bei Friedrich Wilhelm III. nachsucht, ist dieser tief enttäuscht – Clausewitz wird es bis an sein Lebensende zu spüren bekommen.

Als eine Art Bilanz hatte Clausewitz im Februar 1812 in drei *Bekenntnissen* seine Ansichten zur politischen und strategischen Lage zusammen-

Zar Alexander I.
von Rußland
(1777–1825)

gefaßt. Die Schrift ging an Gneisenau, der sie allerdings für so brisant hielt, daß er sie bei seinen Privatpapieren beließ. Dort verstaubte sie, bis sie schließlich – kurz vor dem Deutsch-Französischen Krieg 1870/71 – im Nachlaß Gneisenaus aufgefunden wurde. Die Veröffentlichung der *Bekenntnisdenkschrift von 1812* fiel auf äußerst fruchtbaren Boden, und dies eigentlich allein des ersten Teils wegen. Hier hatte der damals einunddreißigjährige Bürochef Scharnhorsts mit moralischem Pathos sich losgesagt von *der leichtsinnigen Hoffnung einer Errettung durch die Hand des Zufalls* und *von der dumpfen Erwartung der Zukunft, die ein stumpfer Sinn nicht erkennen will, von der kindischen Hoffnung, den Zorn eines Tyrannen durch freiwillige Entwaffnung zu beschwören und durch niedrige Untertänigkeit und Schmeichelei sein Vertrauen zu gewinnen.* Das Pathos steigert sich von Satz zu Satz: *Ich glaube und bekenne... daß ein Volk... keine heiligere Pflicht zu erfüllen, keinem höheren Gesetz zu gehorchen hat, daß der Schandfleck einer feigen Unterwerfung nie zu verwischen ist, daß man die Ehre nur einmal verlieren kann, daß die Ehre der Regierung eins ist mit der Ehre des Volkes... daß selbst der Untergang dieser Freiheit nach einem blutigen und ehrenvollen Kampf die Wiedergeburt des Volkes sichert und der Kern des Lebens ist, aus dem einst ein neuer Baum die sichere Wurzel schlägt.*[47] Es versteht sich, daß solche Passagen Clausewitz gerade für die nach 1870 tonangebenden Schichten und Kreise zitierfähig machten, die den politischen Denker Clausewitz entweder gar nicht kannten oder in der Regel in Bausch und Bogen verwarfen. Die nationalsozialistische Propagandamaschine fand hier unendlich auswälzbares Material.

Die Teile zwei und drei der *Bekenntnisdenkschrift* sind weniger emotional. Clausewitz analysiert dort – auf der Grundlage der sehr detaillierten Kenntnisse, die er in jenen konspirativen Reformjahren erworben hatte – die politische, wirtschaftliche und militärische Situation. Man kann diesen Passagen wertvolle Hinweise auf den Stand der Kräfte kurz vor Beginn der entscheidenden Auseinandersetzung zwischen dem napoleonischen Imperium und Rußland entnehmen. Im übrigen belegt der vollständige Text, daß Clausewitz seinen ersten Teil selbstkritisch kommentiert: Gneisenau teilt er in einem beigefügten Anschreiben mit: *...ich glaube wir können dergleichen nicht eher erscheinen lassen als wenn es zu spät ist, eine politische Wirkung damit hervorzubringen... da man die Regierung durch eine solche Broschüre gewiß mehr gegen die gute Sache aufbringen als für sie gewinnen würde... Der Zeitpunkt des Erscheinens müßte dann mit dem Zeitpunkt unseres Abtretens zusammenfallen... Halten Sie sie übrigens sorgfältig unter Schloß und Riegel...*[48]

Der Befreiungskampf

In russischen Diensten

Die *Bekenntnisdenkschrift* macht deutlich, daß es für Clausewitz keine gewundenen Wege zum Ziel mehr gibt. Nur Rußland vermag noch dem Eroberer entgegenzutreten. Die Volkskriege in Mitteleuropa lassen auf sich warten. In Spanien schwelt der Aufstand zwar immer noch weiter, doch kann angesichts der Kräfteverhältnisse der Umschwung nur im eurasiatischen Raum eingeleitet werden. Man erinnere sich an die lange Vorarbeit, durch die Clausewitz zur Erkenntnis des dialektischen Zusammenhangs von Angriff und Verteidigung gelangt ist. In den Laufgräben vor Mainz und während des sich anschließenden Rhein-Feldzugs hatte der junge Fähnrich die Beziehung zwischen Angriff und Verteidigung erkannt und in den Folgejahren immer wieder über den Charakter des Übergangs von der einen in die andere Erscheinungsform des Krieges nachgedacht. Er sieht deshalb jetzt voraus, daß der Kulminationspunkt napoleonischer Machtausdehnung bald überschritten sein wird und dann – gleichsam gesetzmäßig – der Rückschlag erfolgt. Nach den langen Jahren der Konspiration und Reflexion erkennt Clausewitz in Rußland eine Chance, sich aktiv am Sturz der napoleonischen Herrschaft zu beteiligen. Auf Empfehlung Gneisenaus wird der Major des Generalstabs als Oberstleutnant in russische Dienste übernommen und zunächst mehr oder weniger in der Reserve gehalten. Wie Clausewitz in seiner Studie *Der russische Feldzug von 1812* berichtet, ging er zunächst nach Wilna, wo sich das Hauptquartier des Zaren Alexander I. und des Generals Barclay de Tolly befand, der die 1. Westarmee befehligte. Die an der westlichen Grenze Rußlands versammelte Kriegsmacht zählte insgesamt rund 170000 Mann, die sich der Großen Armee Napoleons entgegenstellen sollten. Clausewitz rechnet nach, daß es insgesamt über eine halbe Million hätten sein können, die jedoch zu diesem Zeitpunkt weit verstreut (und teilweise noch nicht mobilisiert) stationiert waren. Er nimmt, ohne zunächst richtige Verwendung zu finden, an den verlustreichen, aber recht wirkungsvollen Rückzugsgefechten im August und September 1812 teil. Schließlich landet Clausewitz beim Reiterkorps des Generals Graf Uwarow. Die Briefe an seine Frau sind hier ebenfalls wieder eine wertvolle, zusätzliche Quelle. Die Briefe zeigen aber auch, was es für diese gerade erst geschlossene Ehe bedeutete, wenn sie jetzt erneut – und mit so völligem Bruch der mühsam etablierten beruflichen Verhältnisse – auseinandergerissen wurde.

Clausewitz' Erfahrungen mit den Russen waren zunächst zwiespältig: Auf der einen Seite rühmte er die Tapferkeit und Zähigkeit der russischen Bauern-Soldaten, deren Eigenschaften er zu den entscheidenden Faktoren im Verteidigungskrieg gegen Napoleon zählte. Auf der anderen Seite

Clausewitz in der Uniform eines russischen Oberstleutnants

blieb ihm das Führungschaos im russischen Hauptquartier nicht verborgen. Hier überschnitten sich gewissermaßen ausländische und russische Kreise, wobei die Preußen und die Deutsch-Balten dominierten. Der strategische Berater des Zaren war ein Württemberger: General Karl Ludwig August von Phull, der zuletzt mit Scharnhorst und Christian von und zu Massenbach den preußischen Generalstab bis zur Niederlage von Jena gebildet hatte. Phull war offenkundig ein praxisferner, wenn auch geistreicher Offizier. Clausewitz war ihm in erster Verwendung zugeteilt worden. Hier muß er als Augenzeuge die chaotische Debatte darüber miterleben, wie man in der ersten Phase des Kriegs vorzugehen habe. Die russische Partei drängt auf direkte Heimatverteidigung, auf die Schlacht an der Grenze. Phull unterstützt insofern diese Strategie, als er vorschlägt, die 1. Westarmee ein festes Lager gegenüber von Drissa, am westlichen Dünaufer, beziehen zu lassen; die 2. Westarmee sollte dann, wenn der Gegner an der mittleren Düna aufgehalten wurde, in der rechten Flanke und im Rücken der Großen Armee die Einschließung vollziehen. Wie Clausewitz in seinem Buch über den russischen Feldzug berichtet, lagen alle taktischen und strategischen Vorteile, sollte der Plan ausgeführt werden, auf seiten des Angreifers. Der Platz Drissa sperrte weder die beiden strategischen Hauptstraßen (Wilna – St. Petersburg, Wilna – Moskau) noch wurde die Düna als natürliches Hindernis für den Feind in Phulls Plan einbezogen, ja, sie verwehrte dem Verteidiger den Rückzug.[49] Da der gewählte Platz nur rund 20 Meilen von der Grenze entfernt war, kam das Prinzip des Rückzugs ins Landesinnere, das die zunehmende Schwächung des Angreifers bedeutete, nicht zur Geltung. Das geplante Flankenunternehmen hielt Clausewitz nur für wirksam, *wenn die feindliche Armee schon dermaßen an der Grenze ihres Unternehmungskreises ist, daß sie von einem Sieg über unsere ihr gegenüberstehende Macht keinen Gebrauch mehr machen kann, wir also diese Macht ohne Gefahr schwächen können*[50].

Zum Glück für die russische Seite setzte sich der ursprünglich von Scharnhorst in Berlin entwickelte, über den russischen Gesandten Graf Lieven und mit Clausewitz' Hilfe vermittelte «preußische» Plan durch: Rückzug in das Innere des Landes, Erschöpfen des Angreifers durch die ungeheuren Dimensionen des Raumes, dann erst Annahme einer Hauptschlacht, frühestens in der Gegend von Smolensk. Clausewitz trug zur Entscheidung zugunsten des Scharnhorstschen Plans unmittelbar bei: Er hatte das Lager an der Düna zu erkunden und vermochte dem Zaren die Mängel der Strategie Phulls darzustellen. Zudem wirkte er direkt auf General Phull ein, seiner sich abzeichnenden Entlassung durch ein Abschiedsgesuch beim Zaren zuvorzukommen. Dann sorgte er dafür, daß der preußische Plan durch Graf Lieven an Alexander I. gelangte. Zwar war Clausewitz nicht unbedingt davon angetan, daß gleichsam mechanisch Smolensk zum Platz des *ersten Pistolenschuß* gewählt wurde, denn *ein beständiger Widerstand im Zurückgehen* war *ein notwendiger und sehr wesentlicher Teil dieser Art von Verteidigung*. Aber es *war doch die darin enthaltene Hauptidee höchst wichtig und mußte wohltätig wirken, wenn sie Eingang fand, nämlich daß man sich nicht scheuen dürfe, das ganze Land bis Smolensk hin zu räumen und den Krieg erst in dieser Gegend ernsthaft zu beginnen*[51].

Von der russischen Seite wurde diese «preußische» Planung des Verteidigungskampfs keineswegs einstimmig begrüßt. Namentlich der Gedanke, große Teile der Heimat mit dem Ziel der Erschöpfung des Angreifers schlichtweg aufzugeben, löste Empörung aus. Sie spiegelt sich noch in Tolstojs «Krieg und Frieden» bei der Schilderung des Feldzugs. Einmal – in einer Szene, die kurz vor der Schlacht von Borodino spielt – erwähnt er auch den Namen Clausewitz. Der Tenor der Skizzen Tolstojs, die teilweise noch auf die Berichte Überlebender zurückgehen, ist großrussisch-nationalistisch. Tolstoj trifft damit sehr genau die damalige Stimmung. Es ist sogar möglich, daß Tolstoj dank seiner Deutschkenntnisse Clausewitz' Feldzugsschilderung kannte und eingearbeitet hat.[52]

Wie Clausewitz mit Befriedigung feststellte, kam es auch nicht zu der von der russischen Partei gewünschten ersten Hauptschlacht bei Smolensk. Die Ereignisse entwickelten sich auf der russischen Seite als eine Kettenreaktion kleiner Gefechte, die – glücklicherweise – zunächst zu keiner entscheidenden Schlacht führten. So war *die Verteidigung von Smolensk eine sonderbare Sache. Eine allgemeine Schlacht konnte daraus nicht werden, weil die Russen, nachdem sie Smolensk verloren, sich natürlich in nichts weiter eingelassen haben würden... weil vernünftigerweise nicht anzunehmen ist, daß* die französische *Armee sich nach und nach an den Mauern dieses Ortes ganz aufgerieben und sich ihre Niederlage gewissermaßen selbst abgeholt haben würde.*[53] Erst bei Borodino, vor den Toren Moskaus, kommt es am 7. September 1812 zu jener Konfrontation, von der sich Clausewitz und die preußische Partei den Umschwung in den Kräfteverhältnissen erhoffen. Clausewitz befindet sich zu dieser Zeit beim Kavalleriekorps Uwarow, das der 1. Westarmee zugeteilt ist. Sein größtes Problem seit Beginn des Feldzugs sind seine mangelnden Kenntnisse der russischen Sprache, so daß er kaum an militärischen Entscheidungen mitwirken kann. Er widmet sich daher vor allem der Theorie und nutzt die Zeit zur systematischen Reflexion der Ereignisse.

Inzwischen hatte sich auch das Chaos in der Führung etwas gelichtet. Der Zar ernannte den Russen Michail Illarionowitsch Kutusow zum Oberbefehlshaber und beendete damit die ungute Interimsphase, in der Barclay de Tolly, der Befehlshaber der 1. Westarmee, zugleich informell den Oberbefehl innehatte. Wie Clausewitz notierte, erweckte Kutusows Ernennung *in dem Heere ein neues Vertrauen; der böse Dämon des Fremden war durch einen echten Russen... beschworen, und man bezweifelte nicht, daß unverzüglich die Schlacht erfolgen würde, in welcher man den Kulminationspunkt der französischen Offensive sah*[54]. Kutusow bezog am 3. September 1812 eine Stellung bei Borodino. Er hätte die Schlacht nicht geliefert, *wenn ihn nicht die Stimme des Hofes, des Heeres und ganz Rußlands dazu genötigt hätte. Er sah sie vermutlich nur wie ein notwendiges Übel an.* Aber *er kannte die Russen und verstand sie zu behandeln.*[55] Clausewitz erkennt an, daß Kutusow vor allem die moralische, psychologische

Michail I. Fürst Kutusow
(1745–1813).
Kupferstich von
Rossmäßler,
um 1812

Seite des Unternehmens meisterhaft beherrschte, während Barclay de Tolly eigentlich vor Napoleon nur *zurückgetaumelt* sei.

Die Schlacht beginnt am 7. September in den frühen Morgenstunden und endet erst am späten Nachmittag. In viel zu dichter, auf engstem Raum zusammengedrängter Aufstellung, wie Clausewitz anmerkt, entwickeln sich die Gefechte. Das Korps Uwarow, bei dem sich Clausewitz als Oberquartiermeister befindet, erhält auf Grund sehr ungenauer Erkenntnisse den Befehl zu einem flankierenden Angriff. Zu diesem Diversionsunternehmen, das zunächst nur lokale Bedeutung haben soll, werden etwa 2500 Reiter in Marsch gesetzt. Da die Schlacht aber an keiner Stelle recht vorankommt, richten sich nun alle Blicke auf General Uwarow. Die Beratungen mit ihm ziehen sich über Stunden hin, und Clausewitz *dankte dem Himmel, daß* er *unter diesen Umständen zur Null herabgesunken war und nicht einmal an dem Hin- und Hergespräch teilnehmen konnte, welches Uwarow mit den ihm zugesandten Offizieren russisch führte*[56]. Bis zum Nachmittag fällt jedoch keine Entscheidung, so daß Uwarow ergebnislos zurückkehrt. Die Schlacht endet in einer Art wechselseitiger Lähmung, und der *schlaue Kutusow ... beschloß, den Rückzug in der Nacht anzutreten, und er tat unstreitig nur, was die Klugheit gebot*[57]. In völliger Ordnung zieht sich das russische Heer ohne Aufenthalt bis Moskau zurück. Am 14. September marschiert es durch die Metropole. Clausewitz berichtet: *Es mochte etwa 3 Uhr nachmittags sein, als wir in Moskau einzogen, und zwischen 5 und 6 Uhr, als wir jenseits aufmarschiert waren. Moskau hatte ziemlich das Ansehen einer verlassenen Stadt... Am schmerzlichsten war der Anblick einer Menge von Verwundeten, die in langen Reihen längs der Häuser lagen und vergebens gehofft hatten, weggeschafft zu werden... Wir schlugen in der Stadt die Straße nach Rjäsan ein und stellten uns etwa 1000 Schritte hinter derselben auf... Wir sahen in dieser Stellung, wie sich Moskau an den seitwärts gelegenen Toren durch eine ununterbrochene Reihe kleiner russischer Fuhrwerke im-*

Die Schlacht von Borodino. Gemälde von Louis François Lejeune

mer mehr ausleerte... Ferner sahen wir von dieser Stellung aus in den äu-
ßersten Vorstädten Moskaus bereits an mehreren Orten Rauchsäulen auf-
steigen, welche nach des Verfassers Meinung Folgen der dort herrschenden
Verwirrung sein mochten...[58]

Die «preußische» Kalkulation, durch russische Tapferkeit und Klugheit in die Praxis umgesetzt, begann aufzugehen: Die Lage der Franzosen
im brennenden Moskau verschlechterte sich so schnell, daß sie das Land
in jedem Fall verlassen mußten, *sobald nur nicht Frieden geschlossen*
wurde.

Bonaparte *mußte also in jedem Fall zurück, denn er hatte die strategische*

Der Brand von Moskau

Auszehrung und mußte die letzten Kräfte seines schwachen Körpers benutzen, um sich zurückzuschleppen [59]. Das Kräfteverhältnis war umgeschlagen. Clausewitz wird vom Zaren zum Chef des Generalstabs für die Besatzung von Riga ernannt und trifft nach mancherlei Schwierigkeiten Mitte Oktober 1812 in St. Petersburg ein, das von den Truppen des Generals Peter Graf zu Sayn-Wittgenstein erfolgreich gegen den französischen Ansturm gehalten worden war. Weil der französische Rückzug aus Moskau bereits eingesetzt hat, bittet Clausewitz, nicht nach Riga reisen zu müssen, sondern sich der Armee Wittgensteins anschließen zu dürfen und dort so lange zu dienen, bis die russisch-deutsche Legion – sie wurde in St. Petersburg aufgestellt – an die Front gehen könne. Dies wird bewilligt. Clausewitz erlebt die Schlußphase der Kämpfe auf russischem Boden mit. Er sieht das furchtbare Leiden der verzweifelt um den Durchbruch kämpfenden Reste der Großen Armee. Das Korps Wittgenstein operierte an der nördlichen Flanke der Franzosen, brauchte aber in die Kämpfe an der Beresina nicht mehr einzugreifen, die die französischen Truppen unter den Marschällen Michel Ney und Nicolas-Charles Oudinot nur unter schauerlichsten Verlusten überschreiten konnten. Clausewitz notiert, daß er *nie in seinem Leben diese greuelvollen Vorstellungen wieder loszuwerden* glaubt, *an welche sich die Seele hier gewöhnen mußte* [60].

Beim Korps Wittgenstein war Clausewitz erstmals in diesem Feldzug am richtigen Platz: Der Stab bestand nur aus Deutschen, überwiegend Preußen – das Sprachproblem entfiel mithin. Ihnen standen ebenfalls Preußen gegenüber unter dem Befehl des französischen Marschalls

Der Rückzug der Großen Armee Napoleons aus Rußland. Zeichnung von Johann Adam Klein

Jacques Alexandre Macdonald. Beide Seiten hatten größere Gefechte vermieden, und die sich abzeichnende Niederlage der Großen Armee führte zu ersten preußisch-preußischen Kontakten. Die hieraus resultierende Konvention von Tauroggen – am 31. Dezember 1812 abgeschlossen zwischen den Generalen Hans Graf von Diebitsch auf russischer und Johann David Ludwig Graf Yorck auf französischer Seite – signalisierte nicht nur das Ende des Feldzugs. Sie «machte aus der Katastrophe der Grande Armée erst das Ereignis, das zu neuen politischen Konstellationen und Allianzen geführt hat»[61]. Clausewitz spielte bei diesem Ereignis eine Hauptrolle. Ihm ist es letztlich zu verdanken, daß der unentschlossene General Yorck schließlich doch die Seite wechselte. Clausewitz schließt seinen Bericht über die von ihm geleistete, anstrengende Vermittlungsarbeit: *Ganz beglückt eilte der Verfasser nach Willkischken zurück, und am anderen Morgen begleitete er den General Diebitsch zu jener Mühle, wo sich der General York in Begleitung des Obersten von Roeder und seines ersten Adjutanten, des Majors von Seydlitz, einfand. Außer dem Verfasser begleitete den General Diebitsch nur der Graf Dohna, so daß sich bei dieser Verhandlung lauter geborene Preußen befanden.*[62] Die Freude über den politischen Erfolg wurde noch gesteigert durch ein glückliches Wiedersehen: Beim Yorckschen Korps befinden sich die beiden Brüder Friedrich und Wilhelm von Clausewitz.

Von Tauroggen nach Ligny und Wavre

Der Erfolg von Tauroggen nützt Clausewitz für seine Laufbahn nicht viel, er darf zunächst nicht wieder in preußische Dienste treten. Der Monarch ist immer noch verstimmt über sein eigenmächtiges Überwechseln in russische Dienste. So nimmt Clausewitz als russischer Offizier am Frühjahrsfeldzug von 1813 im Stabe Marschall Blüchers teil. Beim Gefecht von Groß-Görschen Anfang Mai kämpft er im Handgemenge *mit dem Säbel in der Faust*, wie er seiner Frau am 3. Mai mitteilt. Dabei wird er leicht verletzt: *...ich bin ganz wohl, ob mir gleich ein kleiner Franzose mit dem Bajonett hinter dem rechten Ohr gesessen hat.* Zu seiner tiefen Trauer erleidet Scharnhorst in diesem Gefecht eine tödliche Verwundung. Der Schüler widmet ihm später eine Studie, die auch Aufschlußreiches über den Verfasser selbst enthält: *Über das Leben und den Charakter von Scharnhorst*[63]. Den Herbstfeldzug 1813 macht Clausewitz in dem bunt zusammengewürfelten Korps Wallmoden mit. Zu ihm gehören auch die russisch-deutsche Legion und das Freikorps Lützow. Dieses Korps dient zur Deckung des rechten Flügels der Nordarmee, es bleibt an allen entscheidenden Operationen unbeteiligt. Clausewitz leistet hier vor allem Stabsarbeit. Am 16. September 1813 siegt das Korps über französische Einheiten in der Göhrde bei Lüchow. Kurz darauf wird Clausewitz zum kaiserlich-russischen Oberst befördert. Es kann als sicher gelten, daß er Anteil an jenen geschickt durchgeführten Manövern hatte, mit dem ein französisches Armeekorps unter Marschall Louis-Nicolas Davout in Norddeutschland isoliert blieb und nicht in die entscheidende «Völkerschlacht» bei Leipzig eingreifen konnte. Clausewitz setzte hier erstmals seine in den Berliner Vorlesungen von 1810/11 erarbeitete Konzeption des Kleinen Krieges in die taktische Praxis um.

Nach dem Sieg über Napoleon und dem Abschluß des Feldzugs 1813/14 wendet sich auch für Clausewitz das Blatt: Er wird als Oberst der Infanterie wieder in die preußische Armee aufgenommen. Als Napoleon am 1. März 1815 überraschend aus der Verbannung zurückkehrt und bei Cannes in Südfrankreich landet, formiert sich die Allianz erneut.

Für Clausewitz wirkt sich diese Entwicklung positiv aus: Auf Betreiben Boyens wird er Generalstabschef des III. Korps, das der Armee Blücher unterstellt wird. Im Verlauf des Feldzugs gegen Napoleon entwirft Clausewitz den Operationsplan für die Kämpfe des III. Korps bei Ligny und Wavre vom 16. bis 19. Juni 1815. Wie zwei Jahre zuvor in Norddeutschland trägt die Operation dazu bei, beträchtliche Teile der französischen Streitkräfte von der entscheidenden Schlacht bei Belle-Alliance (Waterloo) zu isolieren, so daß die Niederlage Napoleons am 18. Juni 1815 durch die Kämpfe bei Ligny und Wavre indirekt beeinflußt worden ist.

Der Vertrag von Tauroggen. Letzte Seite der Übereinkuft zwischen General von Yorck und dem russischen General von Diebitsch mit den Unterschriften der beiden

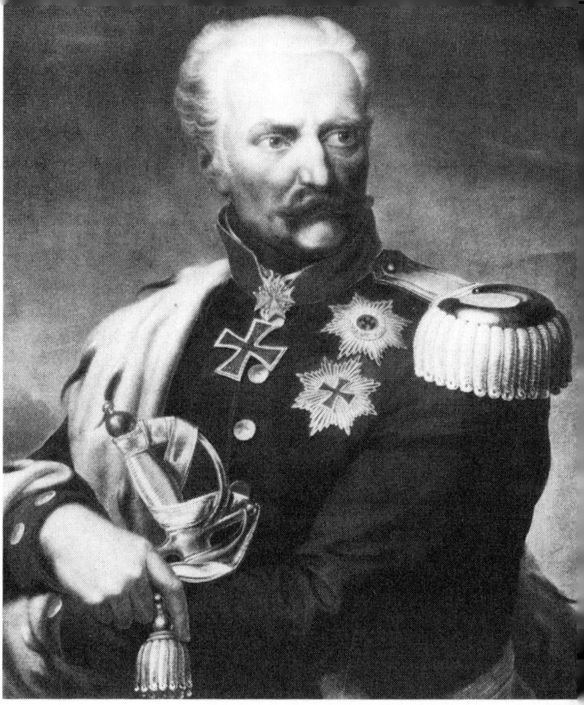

Gebhard Leberecht
von Blücher
(1742–1819).
Gemälde von
Paul Ernst Gebauer,
um 1812

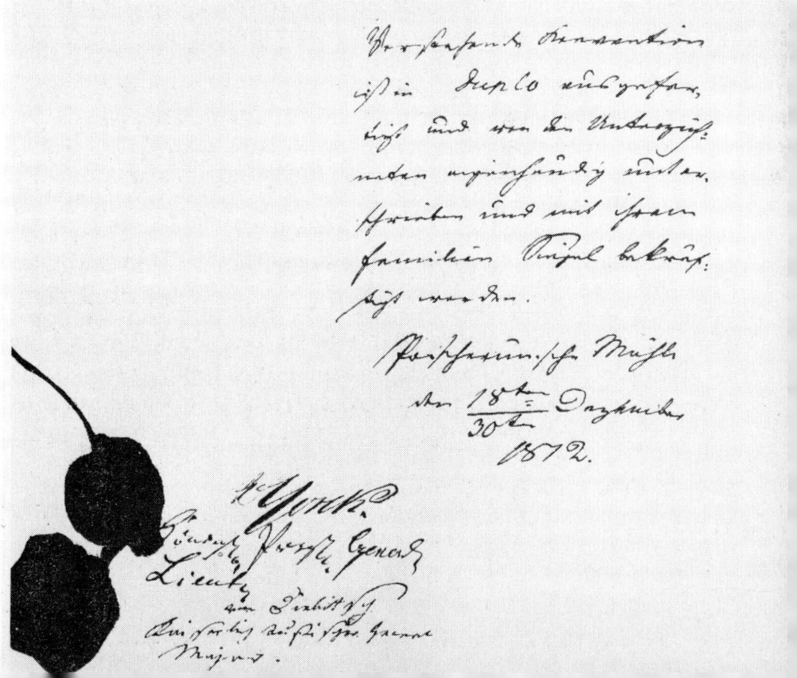

Vorstehende Konvention
ist in duplo ausgefertigt,
und von den Unterzeich-
neten eigenhändig unter-
schrieben und mit ihren
familien Siegel bekräf-
tigt worden.

Poscherunsche Mühle
den 18ten/30ten Dezember
1812.

v. Yorck
Königl. Preuß. General
Lieut.
von Diebitsch
Kaiserlich Rußischer General
Major.

Zeit der Reflexion

Koblenz und Berlin

Nach den ungeheuerlichen Anstrengungen eines zwanzigjährigen revolutionären und konterrevolutionären Kriegs trat in Europa eine Erschöpfungspause ein – bis die Unruhe in der Juli-Revolution von 1830 wieder aufflammte. Es sind für Clausewitz Jahre der Reflexion. Wenig abgelenkt durch wirklich fordernde berufliche Aufgaben, gelingt es ihm, wenigstens ansatzweise seine Ziele in der theoretischen Arbeit zu verwirklichen. Zunächst wird er nach Abschluß des Feldzugs im Juli 1815 und kurzer Besatzungszeit in Frankreich, die er zusammen mit seiner Frau zu einer zweiten, nunmehr freiwilligen Bildungsreise nutzt, Gneisenau als Chef des Stabes beim neugebildeten Generalkommando in Koblenz beigegeben. Gneisenau, «mit dem er sich hier zu gemeinsamer fruchtbarer Arbeit fand, wurde jetzt sein letzter, gleichsam an die Stelle Scharnhorsts tretender Freund, der seinerseits diese Freundschaft voll Wärme und Achtung erwiderte. ‹Clausewitz›, bekannte der Feldmarschall, ‹ist ein Mann, bei dessen Rath ich mich stets wohl befand, dessen Talent ich über das meinige setze.»[64] Die Koblenzer Zeit bringt Einblicke in die schwierigen zivil-militärischen Beziehungen der Rheinlande, in denen als Folge der französischen Besetzung Spurenelemente demokratischen Bewußtseins weiterlebten. Um Gneisenau hat sich ein Freundeskreis gebildet, zu dem sich nicht nur Militärs, sondern auch zivile Verwaltungsbeamte zählen – darunter der Oberpräsident Karl-Heinrich von Ingersleben und der sich als romantischer Dichter betätigende Max von Schenkendorf. Zunächst trifft man sich am Teetisch von Marie von Clausewitz, später, als die Familie des Feldmarschalls eingetroffen ist, versammelt sich die Runde im Haus Gneisenaus. In reaktionären Kreisen Berlins macht bald das Wort von «Wallensteins Lager am Rhein» die Runde, und dies ist nicht nur spöttisch-harmlos gemeint. Es ist die Zeit der Restauration und der Zensur, von Gneisenau und seinem Stab weiß man, daß dort Befürworter einer Verfassung sitzen.

In der Tat hatte Gneisenau Verfassungspläne für die neue Provinz, doch Friedrich Wilhelm III. versagte sich – wie immer nach 1815, wenn es um Reformen ging. Gneisenau und sein Kreis galten als «Patrioten», fast schon in der Nähe der Neujakobiner, die sich in den Burschenschaften sammeln.[65] Die an Preußen gefallenen Rheinlande sind, wie wir sahen, unsicherer Boden. So setzte sich am Hofe in Berlin allmählich die Anti-Gneisenau-Koalition durch; der Held der Freiheitskriege hatte ja ohnedies seine Schuldigkeit getan. Gneisenau leidet unter den Bespitzelungen. Er ist nicht der Mann, der im Zwielicht der Verdächtigungen arbeiten könnte. So nimmt er seinen Abschied. Sein Nachfolger Albrecht Georg von Hake ist eher Administrator denn Soldat; Scharnhorst mochte

Koblenz. Aquatinta, um 1830

ihn schon nicht wegen seiner Ideenlosigkeit und seines neuerungsfeindlichen Gehabes. Clausewitz muß unter ihm noch einige Zeit durchhalten, bis er wieder den Sprung nach Berlin schafft.

Im Mai 1818 wird er zum Verwaltungsdirektor der Allgemeinen Kriegsschule ernannt. Auf diesem Posten mußte Clausewitz zwölf Jahre zubringen, ohne zu seiner eigentlichen Aufgabe, der Lehre und der Forschung, zugelassen zu werden. Die reaktionären Kräfte hatten also erfolgreich interveniert: Dem Scharnhorst-Schüler konnte man nicht gut die vom Kriegsminister und ehemaligen Mitreformer Boyen betriebene Berufung verweigern – doch man konnte wenigstens verhindern, daß dieser «Patriot» und Gneisenau-Intimus auch noch den falschen Geist in diese wichtige Ausbildungsstätte der Elite hineintrug. Eine hübsche Charakterisierung der Clausewitz abverlangten Arbeit hat der General Heinrich August von Brandt hinterlassen: Clausewitz sei auf diesem Posten – häufig nur Versorgungsanstalt für Generale, mit denen man sonst nichts anzufangen wußte – in allerhand Verdrießlichkeiten verwickelt worden und habe hier schließlich «total Fiasco» gemacht.[66] In der Tat wurde Clausewitz noch im Jahr seines Dienstantritts als Verwaltungsdirektor zum Generalmajor ernannt. Paradoxerweise wird er im selben Jahr für einige Monate Militärkommandant von Aachen. Ein dort von September bis November 1818 stattfindender Kongreß behandelte die Frage einer vorzeitigen Beendigung der teilweisen Besetzung Frankreichs. Der Kongreß stellte große Sicherheitsprobleme, denn die Führer der Heiligen Allianz waren in Aachen versammelt. Warum gerade der halbe Jakobiner Clausewitz dazu berufen wurde, die Sicherheitsmaßnahmen für die Kongreßteilnehmer zu überwachen, gehört zu den Ungereimtheiten jener zwielichtigen Übergangszeit zur Restauration – schließlich schwankte auch Friedrich Wilhelm III. bis zur Befreiung Preußens in seiner Einstellung den Reformern und Patrioten gegenüber. Clausewitz hält auch in den Nachkriegsjahren lockeren Kontakt zur Truppenpraxis, an den großen Jahresübungen des preußischen Heeres nimmt er als Schiedsrichter teil. Außerdem wirkt er in mehreren Kommissionen mit, die sich mit der Übungsauswertung und anderen Fragen – etwa des Exerzierreglements – befassen. Als mit dem Rücktritt des Kriegsministers von Boyen der letzte der prominenten Militärreformer ausscheidet und seine berufliche Situation dadurch immer unerträglicher wird, versucht Clausewitz eine Lösung zu finden, die sich konsequent aus seinem Politik und Strategie integrierenden Denkansatz ergibt: Er bewirbt sich um eine Verwendung im diplomatischen Dienst, wobei er in erster Linie den Posten eines preußischen Gesandten in London im Blick hat. Wilhelm von Humboldt und der Freiherr vom und zum Stein unterstützen dieses Gesuch. Doch wieder ist die Anti-Patrioten-Fronde stärker, das Vorhaben wird hintertrieben. Damit bleibt er bis zum Jahre 1830 an seinen Posten als Verwaltungsdirektor der Allgemeinen Kriegsakademie gebunden.

Wollte «Clausewitz dennoch die ihn beherrschende innere und äußere Lebenskrise überwinden, so blieb vielleicht als Ausweg die Beschäftigung mit der Wissenschaft, zu der er sich seit jeher bekannt hatte. Er begann jetzt mit der Niederschrift des Buches *Vom Kriege*. Gerade die sonst von Clausewitz so drückend empfundenen Berliner Jahre in ihrer äußeren Eintönigkeit und scheinbaren Zwecklosigkeit ließen ihm jene vielen Stunden der inneren Sammlung und Verarbeitung, wie sie die Gestaltung eines so großen Werkes erforderte.»[67] Dies geschah in enger geistiger Gemeinschaft mit seiner Frau. Der «geistige Austausch mit der ebenbürtigen Frau» war, so meint Hans Rothfels, «von tiefgreifendem Einfluß auf Clausewitz' Denken und Empfinden... Man muß bis zu Wilhelm und Karoline von Humboldt gehen, um eine vergleichbare Intensität der Beziehung zu finden.»[68]

Die letzte Verwendung

Wenn sich Clausewitz in den Jahren bis 1830 auch mit der ganzen Kraft seines Geistes der Theorie widmete, so vernachlässigte er keineswegs die militärische Praxis. Schon in seiner frühen Strategiestudie von 1804 hatte er postuliert, daß es die *Tätigkeit* sei, welche erst Theorie und Praxis zur Einheit vermittle. Im Januar 1830 hat der König endlich ein Einsehen: Clausewitz erhält die zweite Artillerieinspektion in Breslau. Die Juli-Revolution 1830 in Paris und die von ihr ausgehenden revolutionären Impulse für ganz Europa versetzten die Heilige Allianz in Alarmstimmung. Preußen stellt eine Beobachtungsarmee zusammen. Befehlshaber wird Gneisenau, der sich den fünfzigjährigen Clausewitz als seinen Chef des Stabes nach Posen holt. Die Armee tritt auf der Stelle. Sie soll vor allem den starken polnischen Bevölkerungsanteil in den preußischen Ostprovinzen ruhighalten. Der Ende November 1830 ausgebrochene polnische Aufstand wird schließlich im Frühsommer 1831 von den Russen niedergeschlagen. Die russische Interventionsarmee schleppt die Cholera in Polen ein und verbreitet sie im Land. In tiefer Erschütterung muß Clausewitz im August 1831 seiner Frau berichten, daß Gneisenau der Epidemie erlegen ist. «Dieses Ereignis, durch das Clausewitz den letzten großen Freund verlor, erschütterte ihn in tiefster Seele, schwächte den Lebenswillen und untergrub damit seine Widerstandskraft gegen Krankheitseinflüsse.»[69]

Marie von Clausewitz hatte ihn seit dem Ausbruch der Cholera immer wieder gebeten, zu ihm nach Posen kommen zu dürfen, um ihn pflegen zu können, falls ihn die Cholera befallen sollte. Doch das hatte er wegen des unbequemen Lebens in Posen abgelehnt und Marie versichert: *Was die Cholera betrifft, so bleibe ich bei meiner Ansicht, liebe Marie, daß es ein Grund wäre, Dich von hier wegzuschicken, nicht aber, Dich herkommen zu lassen... Übrigens ist es fast eine Torheit, sich viel mit dem Falle der Ansteckung zu beschäftigen, da wir sehen, wie äußerst selten solche Men-*

Der polnische Aufstand 1830/31. Zeitgenössische Aquatinta

schen von dieser Krankheit befallen werden, die unter guten Bedingungen leben.[70] In seinem letzten erhalten gebliebenen Brief vom 21. September gesteht er, wie tief ihn der Tod Gneisenaus und die schnöde Mißachtung des Feldmarschalls durch den König traf: *...das verwinde ich in meinem ganzen Leben nicht, über diesen Berg komme ich nie hinweg. Es bleibt also nichts übrig, als alle einigermaßen tröstlichen Bilder der Zukunft fahren zu lassen und sich in seine eigene Bitterkeit zu vergraben.* Die letzten Zeilen dieses Schreibens gelten seiner Frau: *Indem ich diesen Brief wieder überlese, finde ich, daß ich Dich, mein geliebtes Weib, nicht ein einziges Mal darin angeredet habe. Es ist doch nicht, daß sich meine ganze Seele nicht zu Dir hingezogen fühlte, und sich sehnend meine Blicke zu Dir richteten... die Sache* kann *höchstens noch zehn bis zwölf Tage dauern, und in etwa drei Wochen kann ich in Breslau sein. Wie nahe dadurch der Zeitpunkt unserer Vereinigung rückt, wirst du besser übersehen als ich.*[71] Er führt noch einige Wochen die Stabsarbeit unter dem Nachfolger Gneisenaus in Posen bis zur Auflösung des Armeeoberkommandos weiter und kehrt – äußerlich scheinbar vollkommen gesund – am 7. November 1831 von Posen nach Breslau zurück. Nur noch wenige Tage des Zusammenseins mit Marie sind ihm vergönnt. Am Abend des 16. November erliegt er der Cholera, nachdem er bis zuletzt seine Dienstgeschäfte erledigt hatte.

Vita contemplativa

«Vom Kriege»: Die Entstehungsgeschichte

Erste Ansätze vor 1806

Die Entstehungsgeschichte des Werks *Vom Kriege*, so urteilt Werner Hahlweg, «macht sichtbar, daß es mit Clausewitz' Lebensgang zumindest etwa seit seinem 24. Lebensjahr aufs engste verbunden ist, wobei man vielleicht drei Hauptabschnitte unterscheiden darf: einmal, Vorformungen aus der Zeit vor 1806, zum andern, Studien und Aufzeichnungen aus den Jahren zwischen 1808 und 1812, drittens, Ausarbeitungen oder Niederschriften des Werkes *Vom Kriege* im Zeitraum von 1816 bis 1830 in der Form, wie es 1832–1834 erstmalig veröffentlicht wurde»[72]. Wie Hahlweg in Anlehnung an Eberhard Kessel hervorhebt, steht hinter den verschiedenen Ansätzen und Formulierungen eine einheitliche Theorie, deren Grundlagen Clausewitz – wie wir oben sahen – schon sehr früh erarbeitet und in immer neuen Anläufen allmählich zu immer größerer Klarheit des Ausdrucks getrieben hatte. Doch auch die dritte Phase muß weitgehend noch als Klärungsprozeß gewertet werden.

Sieht man von einigen Niederschriften und Nachschriften ab, so muß die von der Forschung «Strategie von 1804» genannte Ausarbeitung als derjenige Ort bezeichnet werden, an dem Clausewitz erstmals und überraschend prägnant fast alle zentralen Gedanken des Werks *Vom Kriege* entwickelt. Diese «Strategie von 1804», mit Zusätzen von 1808 und 1809, wurde erst 1937 veröffentlicht.[73] Sie diente offensichtlich der intensiven Vorbereitung des jungen Offiziers auf seine Auseinandersetzung mit der damals herrschenden Strategie- und Militärwissenschaft, wie sie etwa in den Arbeiten von Berenhorst, Bülow und Jomini vertreten wurde. Das erste Ergebnis dieser kritischen Rezeption, der «Anti-Bülow von 1805», so könnte man die Schrift des Fünfundzwanzigjährigen nennen, erschien anonym in der Fachzeitschrift «Neue Bellona». Als weitere Vorarbeiten zu Clausewitz' Hauptwerk sind kriegsgeschichtliche Studien über die Feldzüge Gustavs II. Adolf von 1630 bis 1632, die in den «Hinterlassenen Werken» veröffentlicht wurden, und die Nachschrift von Vorlesungen Scharnhorsts aus dem Winter 1802/03 zu nennen. In der Nachschrift sind es vor allem die Gedanken über die Verteidigung, die – in eine dialektische Form überführt – bei Clausewitz noch bedeutsam werden.

Zunächst sei ein genauer Blick auf die «Strategie von 1804» geworfen. Der Reichtum der dort entwickelten Ideen und Ansätze läßt sich auf einen der zentralen Leitgedanken zurückführen: auf das Verhältnis von *Zweck, Ziel* und *Mittel*.

Nimmt man die Beziehungen von politischem Zweck, strategischem Ziel und moralisch-physischen Mitteln gewissermaßen als die Blickachse, entlang derer man die bunte Vielfalt und Wirrnis der Erscheinungen zu betrachten sich anstrengt, dann ordnet sich das oft irrational anmutende Geschehen in durchaus rational einsehbarer Weise. Entgegen den in der zeitgenössischen Strategiedebatte immer noch zwischen Manövrierdenken und geometrisch-schematischen Operationsplanungen hin und her schwankenden Überlegungen postuliert Clausewitz: *Gehe dem größten, entscheidensten Zweck nach, welchen du zu erreichen, wähle den kürzesten Weg dazu, den du zu gehen dich getraust.*[74] Es hat für ihn keinen Sinn, und die Siege der revolutionären französischen Armeen über die Kabinettsheere liefern den schlagenden Beweis, über alle individuellen Köpfe hinweg jedem Handelnden das gleiche, womöglich noch mathematisierte Kalkül anbieten zu wollen: *Dies letztere ist ein Punkt der individuellen Eigentümlichkeit, und es ist also vergebens, daß man einem furchtsamen Menschen einen kühneren Kalkul vormacht, als der seinige ist; für ihn ist der seinige viel wahrer ... Ich mag es nicht drucken lassen, aber ... es kann ein General nie zu kühn sein in seinen Plänen, vorausgesetzt, daß er bei Sinnen ist und sich nur solche Zwecke vorsetzt, wozu er bei sich selbst überzeugt ist gelangen zu können.*[75]

Entscheidend und für damalige Verhältnisse absolut neu ist hier der Gedanke, daß es keine allgemeine Regel gibt, nach der sich das Individuelle dieses Vorhabens, den Zweck der Handlung zu bestimmen, umgehen läßt. Die Wahl des Zwecks hängt von der individuellen Meinung ab, und das heißt: letztlich vom intuitiven Können. Hierbei ist der *Zweck der Operationen immer am schwierigsten zu wählen, weil er mit dem Geist der Kriegskunst inniger verwandt ist.* Hingegen ist die *Wahl der Mittel schon auf eine viel festere Art zu bestimmen, weil sie der körperlichen Welt näher verwandt sind. Aber auch hier ist man noch nicht auf reine Erkenntnisse gekommen.* Wesentlich ist jedoch für Clausewitz, nicht von dieser rein militärhandwerklichen Ebene her das ganze Gebäude des Kalküls aufzurichten, sondern zunächst und primär vom *Zweck des Krieges*, also von politischen Vorgaben ausgehend den Operationsplan zu entwickeln: *Der politische Zweck des Krieges kann doppelter Art sein. Entweder den Gegner ganz zu vernichten, seine Staatenexistenz aufzuheben, oder ihm beim Frieden Bedingungen vorzuschreiben. In beiden Fällen muß es die Absicht sein, die feindlichen Kräfte so zu lähmen, daß er entweder gar nicht oder nicht ohne Gefahr seiner ganzen Existenz den Krieg fortsetzen kann.*[76] Hier klingen bereits jene Themen an, die noch in der Mitte des 20. Jahrhunderts die Gemüter in Wallung brachten: Clausewitz, der Vernichtungsdenker, der blutige Mahdi der Massen. Auch die westdeutsche Debatte um Abschreckungs- oder Vernichtungsstrategie vernachlässigte die von Clausewitz formulierten Einsichten.[77] Wir werden später darauf eingehen; es ist jedoch hier, an der Quelle, schon darauf zu verweisen. Auf jeden Fall lohnt es sich, Clausewitz genau zu lesen: *Die Zerstörung der Streitkräfte ist also der nähere Zweck des Krieges, und der nächste Weg dazu macht allemal das Gesetz der Kunst aus. Die Zerstörung der feindlichen Streitkräfte kann vorzüglich geschehen, indem man ihm Land nimmt oder Kriegsvorräte oder seine Armee vernichtet. Jeder dieser Wege ist unter gewissen Umständen für sich allein möglich, wird aber selten allein zum Zweck führen.*[78] Mit dieser Überlegung hängt auch seine Kritik am *Kleinigkeitsgeist* zusammen, welcher etwa fordert, den größtmöglichen Erfolg mit den geringstmöglichen Mitteln zu erreichen. Am Erfolg der revolutionären französischen Kriegskunst orientiert fordert Clausewitz: *Man soll den Krieg mit dem höchsten Grad der notwendigen oder der möglichen Anstrengung führen.*[79] Dies gilt sowohl für den Offensiv- wie den Defensivkrieg: *Allgemeine Defensive würde*, wenn sie nur passiv abwehrend geführt wird, *mehr Streitkräfte erfordern als die Offensive.*[80]

Es folgen dann einige Formulierungen, die bereits einen abgeschlossenen, für den damaligen Stand der Debatte geradezu erstaunlich fortschrittlichen Aspekt seines Denkens demonstrieren. Die oben nur kurz skizzierten Überlegungen faßt Clausewitz in einem Satz zusammen, der schon den Kantianer in ihm überwindet: *Übrigens sind diese theoretischen Ansichten leicht aufzufassen, aber es gehört ein hoher Grad von Tätigkeit dazu, um sie mit Erfolg anzuwenden; wie denn überhaupt Tätigkeit das große Geheimnis ist, die Theorie praktisch zu machen.*[81] Kant hatte noch von der Urteilskraft als der Brücke zwischen Theorie und Praxis gesprochen; bei Hegel war es der Kopfstand des Menschen, der sich auf den Gedanken, die Idee stellt und die Wirklichkeit nach dieser konstruiert. Marx und Engels schließlich sahen analog zu Clausewitz in der praktischen Tätigkeit das Wahrheitskriterium der Theorie. Clausewitz schreibt zu einem Zeitpunkt, als das Denken vieler noch auf spätaufklärerische Vulgärauffassungen fixiert war, in denen der Hang zu geometrisch-mathematischen Kalkülen und zu pseudo-rationalistischer Regelhaftigkeit vorherrschte. Eine weitere Definition von Clausewitz, ebenfalls aus den Überlegungen zur Rationalität der Zwecke abgeleitet, erweist sich als eine bereits abgeschlossene Gedankenkette: *Die Taktik ist die Lehre, wie man den Sieg erringt durch den Gebrauch der Streitkräfte im Gefecht; die Strategie die Lehre, wie man den Kriegszweck erreicht durch Verbindung einzelner Gefechte; d. h. um der Eleganz des Ausdrucks willen: Taktik ist die Lehre vom Gebrauch der Streitkräfte im Gefechte, Strategie die Lehre vom Gebrauch der einzelnen Gefechte zum Zweck des Krieges.*[82] Eines anderen Stoffes bedient sich die Strategie nicht: *Allem, wozu Streitkräfte gebraucht werden, liegt die Idee eines Gefechtes zum Grunde; denn sonst würde man ja dazu keine Streitkräfte gebrauchen... Alles beruht im Kriege auf dem Gefecht, was entweder wirklich vorgefallen oder bloß von einem Teil beabsichtigt oder gar nur vorgespielt ist. Das Gefecht ist also für die Strategie, was das bare Geld für den Wechselhandel ist... wer gar kein Vermögen hat, kann auch keine Wechsel stellen, und wer gar nicht zu fechten verstünde, könnte sich tot manövrieren ohne den geringsten Erfolg.*[83] Diese Definition mutet in der westlichen Strategiedebatte des späten 20. Jahrhunderts wieder sehr aktuell an: Durch das forcierte Abschreckungsdenken war das Bewußtsein von einem tatsächlichen ‹Gebrauch› der Streitkräfte geschwunden. Bereits Friedrich Engels hatte sich in einem Brief an Marx begeistert über diese Clausewitzsche These geäußert, die auch im dritten Kapitel des zweiten Buches *Vom Kriege* zu finden ist.[84]

In der bereits erwähnten, gegen Bülow, einen der dominierenden Strategiewissenschaftler seiner Zeit, gerichteten Studie, arbeitet Clausewitz den Zweck-Mittel-Gedanken ebenfalls deutlich heraus. Unter dem Titel *Bemerkungen über die reine und angewandte Strategie des Herrn von Bülow oder Kritik der darin enthaltenen Ansichten* erschien diese Arbeit anonym 1805 in der «Neuen Bellona». Hier stellt Clausewitz klar, daß nur über den Zweck-Mittel-Ansatz überhaupt eine Definition des Problemgegenstands möglich ist. Bülow hatte definiert: «Strategie ist die Wissenschaft kriegerischer Bewegungen außerhalb dem Gesichtskreis des Feindes, Taktik innerhalb desselben.» Dieser gleichsam sensualistischen Fassung des Problems hält Clausewitz entgegen, daß *keine Eintheilung, so logisch richtig sie auch seyn mag, von Nutzen* ist, *so lange man den Zweck derselben nicht angegeben hat... Eintheilungen, welche schon lange und allgemein bestehen, müssen, wenn sie auch nur dunkel gedacht worden sind, einen gültigen Grund für sie haben... Der Gegenstand einer Kunst ist der Gebrauch der vorhandenen Mittel zum vorgesetzten Zweck. Dieser Gegenstand nun kann sich bloß verändern, indem sich entweder der Zweck oder die Mittel verändern.*[85] Vergleiche man jetzt die Definition Bülows mit seiner eigenen, so sei erstere *durchaus grundlos*, denn es ändere sich in dem Augenblick, da man in den Gesichtskreis des Feindes komme, weder die Natur des Zwecks noch der Mittel. Nach weiteren Einwendungen gelangt Clausewitz wieder zur Folgerung wie schon in der «Strategie von 1804», daß die Strategie *nichts ohne das Gefecht* sei. Denn das Gefecht *ist der Stoff, dessen sie sich bedient, das Mittel, was sie anwendet... zu dem Endzweck des Krieges.*[86]

Dieser Stoff bestehe nicht für sich allein, ja, im wesentlichen nicht aus Größen, die man einem mathematischen, quantitativen Kalkül unterwerfen könne: *...überall, wo in der moralischen Natur der menschliche Scharfsinn ein Hülfsmittel entdeckt... ist das Reich der Kunst.*[87]

Indem sich die herrschende strategische Denkweise aber auf diese zähl-
baren, geometrisierbaren Kriterien eingrenze, gerate sie unweigerlich
immer wieder in einen Gegensatz zur Wirklichkeit. Clausewitz postuliert
hier erneut die Einheit von Theorie und Praxis. Solche Einheit ist aber
nur erreichbar, wenn von der unsinnigen Methode abgegangen wird, sich
bei Kräftevergleichen und Operationsplänen lediglich auf das Zähl- und
Meßbare zu beschränken. In den Mittelpunkt tritt für Clausewitz die Moral, das heißt in heutiger Lesart: die Psychologie im weitesten Sinn. Ein
zentraler methodischer Gedanke wird hier eher im Vorbeigehen herausgearbeitet: *Es scheint daher überhaupt vernünftiger, diese pedantischen,
geistlosen Nachahmungen der Mathematik zu verlassen, und sich an die
Natur desjenigen Gegenstandes zu halten, mit dem man zu tun hat. Daher
betrachten wir die Form des Angriffs und der Vertheidigung in der Strategie
als einen einzigen Factor eines außerordentlich zusammengesetzten Pro-
ducts.*[88] Dieser aus heutiger Sicht vielleicht weniger eindrucksvoll wirkende Gedanke muß aber in den Augen der Zeitgenossen von Clausewitz
als geradezu revolutionierende Auffassung erschienen sein: daß nämlich
die rationale Zerlegbarkeit und Rekonstruierbarkeit eines Ganzen aller-
höchstens im analytischen Sinn noch brauchbar ist – während doch das
Aufklärungsdenken in der rational einsehbaren Zerlegbarkeit jedes Gegenstandes, auch und gerade sozialer Tatbestände, den Fortschritt des
Bewußtseins sah. Wir haben hier ein in der Geistesgeschichte normales
Phänomen zu registrieren: Als unter den Schlägen der revolutionären
französischen Heere die kunstvolle Balance von Aufklärungsrationalität
und aufgeklärten politischen und gesellschaftlichen Strukturen schon zer-
borsten war, sucht die Theorie noch die kommenden Gefechte mit den
Methoden der bereits untergehenden Epoche – wenngleich in der voll-
kommensten Weise – zu bewältigen. Was noch wenige Jahre zuvor har-
monisch mit der Realität übereinstimmte – die verwickelte Welt des
menschlichen Lebens auf klare und allgemeingültige Begriffe und Sätze
zurückzuführen und aus diesen ebenso einfache und gesetzmäßige Maximen für das praktische Verhalten zu gewinnen –, dies mußte angesichts
einer revolutionierten Wirklichkeit als überständig und unpraktisch erscheinen. Um ihr zu begegnen, bedurfte es jedoch offenkundig mehr als
nur ein folgerichtiges Weiterdenken der zeitgenössischen, nunmehr schon
restaurativ wirkenden geistigen Tendenzen.

Mit Blick auf den im «Anti-Bülow» von Clausewitz unternommenen
Argumentationsgang, insbesondere auf die zweckrationale Fassung des
Strategie/Taktik-Problems, faßt Hans Rothfels zusammen: Diese Defini-
tion «enthält darüber hinaus in nuce eine Art geistiges Programm. Zu-
nächst ist sie ein erster, früh erarbeiteter Bestandteil des Buchs *Vom
Kriege*... Daneben ist von besonderer Bedeutung die Hervorhebung des
Zweckprinzips. Bülows Formulierung entspringt dem Geist einer struk-
turlosen, atomistischen Betrachtung, für die taktisches und strategisches

Handeln ein Nebeneinander äußerlich abgegrenzter Aktionen darstellen, die von einer gleichartigen vernunftgemäßen Technik beherrscht sind. Clausewitz dagegen gewinnt aus der Natur des Zweckes ein durchgreifendes, wesentliches Einteilungsprinzip... Zweifellos spiegelt diese Konzeption den vertikalen Zug, die Gradlinigkeit und Zielstrebigkeit der napoleonischen Kriegführung wider; daneben aber lebt in ihr die in der Epoche Herders und Goethes herrschende geistige Verfahrungsart, die von der Anschauung einer Totalität, eines einheitlichen Lebenszusammenhangs aus das Wesen des Besonderen bestimmt.»[89]

Die spätere Clausewitz-Rezeption hat wenig beachtet, daß Clausewitz mit seinen neuartigen Ansätzen wieder stärker den Menschen als das Subjekt der Geschichte in den Mittelpunkt der Analyse rückt. Während die spätaufklärerische Auffassung alle Erscheinungen der Realität möglichst auf die materiellen Bedingtheiten zurückführen will, wobei das Zähl- und Meßbare und die Mechanisierung komplexer Abläufe methodisch erwünscht sind, verlangen jetzt die revolutionären Erscheinungen einen neuen Zugang zur Wirklichkeit. Es ist den aufmerksamen mitteleuropäischen Zeitgenossen der Jahre 1790 bis 1806 schon mehr oder weniger deutlich geworden, daß eine neue historische Gestalt die Bühne betreten hat: der aus einer ganzheitlichen, philosophisch-politischen Auffassung heraus wirkende Staats-Bürger hat den angepaßten, sich privatisierenden Wirtschafts-Bürger abrupt verdrängt. So hatte Scharnhorst bereits 1797 eine Studie veröffentlicht, in der er den «Ursachen des Glücks der Franzosen in dem Revolutionskriege» nachging. Auf der Grundlage einer Klassenanalyse, die in manchem schon sozialwissenschaftliche Züge trägt, führt er die Überlegenheit der Franzosen vor allem auf ihre I d e e n zurück, die eine bislang unbekannte Mobilisierung und Moralisierung bewirkt hätten: «Sie glaubten nicht allein für ihr ferneres Daseyn und Glück, sondern auch für das der ganzen Menschheit zu streiten. Solche wirksame[n] Motiven zu Aufopferungen aller Art hatten noch nie bey einer Nation stattgefunden und konnten auch bei keiner andern, minder lebhaften und stolzen, statt finden.»[90] Scharnhorsts Analyse beschränkt sich jedoch nicht auf die ideenpolitischen Neuheiten, er sieht auch die konstanten, aus der Geschichte ableitbaren Charakterzüge der Franzosen. Dies ist überhaupt für die Methode Scharnhorsts kennzeichnend, daß er konservative und revolutionäre Aspekte der Wirklichkeit nicht gegeneinander ausspielt, sondern sie in einer ganzheitlichen Sicht aufhebt. In der Scharnhorstschen Denkweise lassen sich bereits Grundzüge auch des Clausewitzschen Ansatzes erkennen. Doch hatten wir hinreichend begründet, daß alles in allem Clausewitz nicht als gleichsam Resultierende aller möglichen geistigen und politischen Einflüsse verstanden werden darf: Er ist in erster Linie als originärer, kreativer Denker, als wahrhaft naturwüchsiger Dialektiker zu begreifen.

Studien und Aufzeichnungen der Jahre 1808 bis 1812

Zwischen den oben skizzierten strategischen Studien von 1804/05 und den Zusätzen der Jahre 1808 und 1809 liegen einschneidende Ereignisse, die das Scheitern des Ancien régime, ja, dessen Katastrophe besiegeln. Clausewitz erlebte einen dieser Wendepunkte selbst mit: die vernichtende Niederlage der alten Strategie und Taktik bei Jena und Auerstedt. So verwundert es nicht, daß in den 1808 niedergeschriebenen Zusätzen zur «Strategie aus dem Jahre 1804» vor allem ein Gedanke vorherrscht: der Gegensatz von Geist und Form, das heißt jener so umstürzende Folgen zeitigende Zusammenprall neuer Ideen und ihnen entsprechender irregulärer Formen mit alten Ideen, die in tradierten Formen festgehalten und gegen Neuerungen verläßlich abgeschirmt waren. Clausewitz notiert aus mühsam errungener intellektueller Distanz zum Geschehen: *Je mehr ich über diesen Teil der Kriegskunst sinne, um so überzeugter werde ich, daß die Theorie desselben wenig oder gar keine abstrakten Sätze aufstellen kann; aber nicht, wie die gewöhnliche Meinung ist, deswegen, weil die Sache zu schwierig sei, sondern weil man der Trivialität erliegen würde. Im Kriege kommen so viel kleinliche Umstände vor, welche das Handeln mit bestimmen, daß, wenn man alle diese durch die abstrakten Sätze gehörig mit umfassen wollte, man als der größte Pedant erscheinen und bis zum Ekel trivial werden würde.*[91]

Ein Hauptproblem für Clausewitz' Analyse ist der Stand der Militärpublizistik. Die herrschende Meinung, wie sie etwa in den Arbeiten von Bülow und Jomini zum Ausdruck kommt, ist gerade dadurch gekennzeichnet, daß sie jene abstrakten Sätze sucht – in dem noch der Aufklärung verhafteten Bestreben, kritisch und philosophisch die Erscheinungen gerade dieses vom Bürgertum bereits beargwöhnten gesellschaftlichen Bereichs rational nachvollziehbar zu analysieren. Durch den Einbruch der Französischen Revolution geriet dieses Denken zunehmend in Widerspruch zu den neuen geistigen, politischen und militärischen Herausforderungen. Diese Situation führte dazu, daß erst *hinterher, also viel* zu *spät, Bülow, Matthieu Dumas usw. das System dieser Formen* aufstellen, *indem sie den Leichnam sezieren; das kann doch zu nichts führen als zum Manirierten. Immer sind die Kriegsbücher zu spät gekommen, und zu allen Zeiten haben sie tote Manier dargestellt.*[92] Alle Verfasser, *welche in neueren Zeiten diesen Teil der Theorie abstrakt und philosophisch haben behandeln wollen... sind entweder wirklich trivial geworden, oder sie sind der Trivialität durch Einseitigkeit ausgewichen – denn in dem scharfsinnigen Durchführen eines Gedankens liegt stets etwas Philosophisches*[93]. Deshalb ist das einzige, was in diesem Teil der Kriegskunst überhaupt geschehen kann, *ein Raisonnement über den wahren Geist des Krieges, damit man von Zeit zu Zeit von dem Manirierten zurückkomme, worin jede Kunst leicht ver-*

fällt, weil der Geist leichter entflieht, als die Formen, die uns am Ende unter den Händen zurückbleiben, wir wissen nicht wie.[94]

In den 1809 angefertigten Zusätzen behandelt Clausewitz erneut das Zweck-Mittel-Verhältnis mit Blick auf die Beziehungen von Strategie und Taktik. Dabei gelingt es ihm, das Aufhebenswerte am alten Denken aus seiner erstarrten Form zu lösen und in die neue dynamische Denkweise einzufügen. Er überwindet hierdurch ein Problem, an dem die alte Theorie so offensichtlich auf den Schlachtfeldern gescheitert war: Die herrschende Theorie hatte versucht, das Flüchtige und Unberechenbare des wirklichen Lebens in Schablonen und Formeln zu pressen. Im Ergebnis wurden daraus Fixierungen auf einzelne Aspekte; man berechnete das Berechenbare und ließ gerade das Wesentliche, die sich jeder Regel entziehende lebendige Wechselwirkung der Willen, aus der geometrisierten Weltanschauung herausfallen. Die Methode von Clausewitz besteht nun darin, den rationalen Kern solcher Einseitigkeiten aufzubewahren, indem er die *Welt der Totalerscheinungen* in den Blick nimmt und alle einzelnen Aspekte in die frei sich entfaltende Dialektik von Zweck-Mittel-Beziehungen einzubeziehen sucht. So findet man in den Zusätzen von 1809 noch den Gedanken einer Basis der Operationen, unter den Bülow samt und sonders alles Berechen- und Schematisierbare zusammengefaßt hatte – allerdings hat Clausewitz nunmehr den durchgreifenden zweckrationalen Leitgedanken damit verknüpft: *Die Strategie ist die Lehre von der Verbindung der einzelnen Gefechte zum Zweck des Krieges. Wo man Gefechte etablieren will, da muß man Streitkräfte aufstellen, wo lebendige Streitkräfte sind, da müssen sie genährt werden, es wird also in der Strategie der Kombination der einzelnen Gefechte zum Zweck des Krieges parallel laufen die Kombination in der Truppenverteilung und der Dislokation der ihnen nötigen Lebensmittel und anderen Bedürfnisse.*[95]

Damit hat Clausewitz aus dem Hauptgedanken einer Dialektik von zweckrational organisiertem politischem Willem heraus die Umrisse seiner Sicht von Strategie und Taktik skizziert:
– Die Strategie muß sich mit den taktischen Erfolgen beschäftigen;
– sie muß sich mit den Kombinationen der einzelnen Gefechte befassen;
– sie wird, gleich der Taktik, auf die Organisation der Streitkräfte eingehen;
– da alle strategischen Anordnungen sich auf tatsächliche oder glaubwürdig angebotene Gefechte beziehen, müssen die taktischen Anordnungen implizit darin enthalten sein.

Was folgt daraus für eine möglichst wirklichkeitsbezogene Theorie? Aus dem alten erstarrten, vorrevolutionären Theoriegebäude sind nur diejenigen Bestandteile zu nutzen, die – weil sie etwas tatsächlich Meß- und Wägbares beschrieben – sich aus dem Zusammenbruch dieser pseudorationalen Architektur retten lassen. Hierzu gehört auch das von Bülow, dem lautesten und selbstbewußtesten Vertreter des Doktrinarismus

(Hans Rothfels), zum alleinigen Bezugspunkt hochstilisierte Konzept der Operationsbasis. Dies war Bülows *Hauptidee*, wie Clausewitz zusammenfaßt: *Die Vollkommenheit einer Operation ist um so größer, je größer der Winkel ist, welchen die Operationslinien am Object miteinander machen... Hätte der Verfasser über sein Buch sich etwa so ausgedrückt: ‹Es sind Untersuchungen über den Einfluß, welcher die Stellung und Direction der Streitkräfte unter gewissen Bedingungen auf den Ausgang der Operationen haben kann, entwickelt aus der Nothwendigkeit der Verpflegung›; so hätte man nichts dagegen einwenden können...*[96] Bülow hatte als Operationsbasis die gedachte Verbindungslinie zwischen den Subjekten des Heeres (d. h. Festungen, Magazine) bezeichnet. Operationswinkel war derjenige Winkel, unter dem sich am Objekt (Streitkräfte) die äußersten, von den seitlichen Endpunkten der Basis ausgehenden Operationslinien schneiden. Bülow lehrte, daß lediglich Operationen unter einem Winkel von 90 Grad und darüber als vollkommen basiert zu betrachten seien. Folglich empfahl er Angriffe auf Flanken und Verbindungslinien des Gegners als die höchste Kunst des Operierens. Dies alles wird von Clausewitz als begrenzter Fortschritt des Denkens auf diesem Gebiet anerkannt, wenn solche wirklichkeitsfremd verallgemeinerten Einzelerkenntnisse in die Betrachtung des Ganzen eingefügt werden. Soweit sie im alten Sinn von Exaktheit systematische Lehre bleiben will, kann die Theorie lediglich diejenigen Größen heranziehen, die sich wiegen und messen lassen. Das eigentliche Material der Strategie ist aber der taktische Erfolg und die *Kombination* solcher Einzelerfolge zum politischen Zweck des Krieges. Und gerade *in diesen beiden Punkten ist eine eigentliche Theorie vielleicht ganz unmöglich. Sie kann ihre Lehren nur aus dem Objektiven entwickeln und von dem Objektiven wieder nur die sinnlichen Gegenstände mit bestimmten Gesetzen umfassen, und gerade das Subjektive des Feldherrn... und die Wirkung moralischer Größen treten hier unaufhörlich in der Reihe der wichtigsten Entscheidungsgründe auf.*[97]

Clausewitz beendet diesen Gedankengang in den Zusätzen von 1809 mit einem resümierenden Satz, in dem sein Theoriebegriff bereits – wenn auch unentfaltet – aufscheint: *Es wird also in dem Teil der Strategie, wo von Kombination der Gefechte die Rede ist, wohl immer bei einem freien (nicht systematischen) Raisonnement bleiben müssen; bei einzelnen Betrachtungen, welche den Gesichtspunkt angeben und auf den rechten Weg führen können.*[98]

Auch in dem anonym an Fichte gerichteten Brief vom Juni 1809, in dem er seine Übereinstimmung mit dessen Machiavelli-Studie bekundet, klingen die zentralen Themen seines Erkenntnisprozesses an. Im 18. Jahrhundert habe es die Tendenz gegeben, das Ganze des Heerwesens zu einer *künstlichen Maschine* bilden zu wollen, worin *die moralischen Kräfte den mechanischen untergeordnet werden, die ihre Wirkung durch die bloße Ein-*

richtung äußern sollen. Den wahren Geist des Krieges, das heißt der Kriegskunst, zur Abwehr der Revolution wiederherzustellen, bedeute, *nicht mit der Form, sondern mit dem Geiste anfangen* und sicher erwarten, daß dieser neue Geist die *alten Formen selbst zerstören* und in angemesseneren wirken werde. Es kommt Clausewitz, und hier kritisiert er Fichte, nicht darauf an, die Formen der *Alten* zu übernehmen in der Annahme, dies würde den Geist der *Neuern* beflügeln: ...*man soll nicht wie Machiavelli an eine schon dagewesene bessere Manier sich halten und sich diesen oder jenen Formen wieder nähern, sondern einzig suchen, den wahren Geist des Krieges wiederherzustellen... Dieser wahre Geist des Krieges scheint mir darin zu bestehen, daß man die Kräfte eines jeden Einzelnen im Heere so viel als möglich in Anspruch nimmt... Weit entfernt also, daß die Kriegskunst der Neuern die Tendenz haben sollte, die Menschen als bloße Maschinen zu gebrauchen, muß sie, so gut als jede andere, so weit es ihr die Natur ihrer Waffen erlaubt, die individuellen Kräfte beleben.*[99] Hier zeigen sich ebenfalls zwei typische, später erst ganz entfaltete Aspekte seines Denkens: von der *Natur*, das heißt dem Wesen der Sache her, die Erscheinungen zu untersuchen und das *Individuelle*, sowohl auf den einzelnen wie auf das Kollektiv bezogen, in den Mittelpunkt zu rücken. Offenkundig wirkt darin das Denken Montesquieus fort – wie Clausewitz es selbst einmal bekannte. Es finden sich hier aber auch Anklänge an zeitgenössisches Denken, vor allem an die Entdeckung des «Volksgeistes» als treibender geschichtlicher Kraft durch Herder. Dieser Begriff besitzt zu seiner Zeit nicht die borniere Bedeutung, die ihm heute noch anhängt. Wie gerade die begeisterte Annahme der Herderschen und später Hegelschen Volksgeist-Lehre durch die um ihre Identität noch kämpfenden slawischen Nationen erweist, ging es hier um die Anerkennung des Eigenständigen, eben Individuellen der verschiedenen Kollektive und Gemeinschaften.

Aus dem Fichte-Brief läßt sich aber noch eine weitere Dimension des Clausewitzschen Denkens erschließen: die politische und gesellschaftliche. Im Grunde formuliert dieser Brief aus dem Königsberger Regierungsexil bereits den entscheidenden Gedanken von der letztlichen p o l i - t i s c h e n Bedingtheit der Erscheinungsformen des Krieges: *Gewiß lag bei den Alten der Wert eines einzelnen Kriegers mehr in ihrer bürgerlichen Verfassung als in ihrer Streitart, was man um so weniger leugnen kann, als die Völker, welche sich im Kriege vorzüglich auszeichneten, sich von den Besiegten in ihrem bürgerlichen Zustande unterschieden, aber nicht dadurch, daß sie mehr an persönliches Gefecht gewöhnt waren. Und wenn bei den Neuern, neben diesen Gründen, der Mangel eines individuellen kriegerischen Sinnes noch durch die absichtliche Vernachlässigung des wahren Kriegsgeistes, durch eine falsche Tendenz der Kriegskunst nach todten Formen hervorgebracht worden ist, so kennen wir ja die beiden Hauptquellen, welche wir wieder zu eröffnen haben, damit uns der kriegerische Sinn wieder zuströme und uns unsern Nachbarn furchtbar mache. Jene, der bürger-*

liche Zustand, ist Sache der Verfassung und Erziehung, diese, der zweck-
mäßige Gebrauch des Kriegsstoffs, ist Sache der Kriegskunst.[100]

Auch diese Sätze gewinnen ihren Sinn erst, wenn man die tiefgreifende
Wirkung der Französischen Revolution und die Vernichtung der Heere
des Ancien régime durch die revolutionäre Kriegführung der Franzosen
als ständige Herausforderung dieser Überlegungen berücksichtigt.

In einem nicht genau datierbaren «Kunsttheoretischen Fragment», es
dürfte zwischen 1809 und 1812 (nach Werner Hahlweg) entstanden sein,
wird erneut die immer wieder auf den Begriff des Zwecks orientierte
Denkweise von Clausewitz sichtbar. Der Zweck ist der *oberste leitende
Gedanke.* Auch hier wird ein auf Zähl- und Meßbares eingeengtes Ver-
standesdenken zurückgewiesen. Die Erscheinungen enthalten zugleich
Anschauungs- und Verstandeselemente. Deshalb ist es vergeblich, ein
schönes architektonisches Werk bloß nach Verstandesregeln beurteilen
zu wollen: *Das Schöne der Anschauung ist unendlich und läßt sich in
keine Regel bannen, und es ist so sehr das eigentlich Wirksame in der
Baukunst, daß es, wenn es in Fülle vorhanden, alle Widersprüche und
Verstöße, die der Verstand in seinen Anordnungen begehen kann, un-
scheinbar machen und trotz ihm eine angenehme Wirkung des Ganzen
hervorbringen kann.*[101] Die Parallele zu dem Gedanken, das Ganze sei
weit mehr als die Summe seiner zähl- und meßbaren Teile, liegt auf der
Hand. Clausewitz betrachtet jede gesellschaftliche Erscheinung als zu-
sammengesetzt aus physischen und geistigen Elementen. Diese lassen
sich nur aus analytischen Gründen aufgliedern, in der Wirklichkeit treten sie unauflösbar als Ganzes auf – und nur dieses Ganze zeigt auch
Wirkungen. Die Französische Revolution ist dieses höchst wirksame
Ganze, und es hat wenig Sinn, außer im analytischen Gang, dieses
Ganze in seine materiell-meßbaren und seine immateriell-unmeßbaren
Teile zerlegen zu wollen.

Dieses Fragment liefert uns einen Hinweis darauf, daß Clausewitz sich
auch mit den gesellschaftstheoretischen und ästhetischen Ansätzen der
Kunsttheorie des 18. Jahrhunderts beschäftigt hat.[102] Hier tritt ein weiteres Element seiner Auffassung von Theorie und Praxis in Erscheinung:
Theorie und Praxis bilden dann eine Einheit, wenn die Theorie die ganze
Wirklichkeit mit ihren Begriffen erfaßt. Ähnlich ergibt sich in der Architektur erst das Ganze durch eine im einzelnen nicht auseinanderdividier-
bare Verbindung verstandesbestimmter und anschaulicher Elemente. Mit
anderen Worten: das Ganze mag einen bestimmten ästhetischen Eindruck hervorrufen, einen Gesamteindruck, obschon der Verstand vielleicht die rationalen Aspekte des Kunsthandwerks, seinen Bauplan zum
Beispiel, kritisieren könnte. Entsprechend kann sich die Wirkung eines
Ganzen als Sieg auf dem Schlachtfeld äußern – und dennoch würde der
Verstand von falschen Anordnungen, zahlenmäßiger Unterlegenheit und
ähnlichem sprechen können. Die Theorie kann also nur dann auch prak-

Kronprinz Friedrich
Wilhelm von Preußen,
der spätere König
Friedrich Wilhelm IV.
Gemälde von Carl
von Steuben, 1814

tisch werden, wenn sie diese ganze Wirklichkeit betrachtet. Ein platter
Aufklärungsrationalismus ist damit überwunden.

In dieselben Jahre fällt auch der Unterricht, den Clausewitz dem preußischen Kronprinzen Friedrich Wilhelm, dessen Bruder – dem späteren
Kaiser Wilhelm I. – und dem Prinz Friedrich der Niederlande erteilt. Erhalten geblieben sind die von Clausewitz angefertigten Arbeitshefte, über
die der preußische Militärschriftsteller Johann Ludwig Blesson urteilte:
Clausewitz «arbeitete beständig an der Vervollständigung; überdies hatte
er aber die Zukunft im Auge, denn wir haben die Hefte vor uns, nach
welchen er Sr. Maj. dem jetzt regierenden Könige, damals noch als Kronprinz ... die Militärwissenschaften lehrte. Er hielt sich daher verpflichtet,
alles Ephemere zu vermeiden und alles auf den Kern der Kunst zurück zu
führen, denn sein königlicher Zuhörer konnte erst in der Folge, bei vielleicht veränderten Formen, Anwendung von seinem Unterrichte machen.»[103] Hans Rothfels vertritt eine ähnliche Auffassung: Clausewitz
habe hier in einem «knappen Grundriß ... die in der Gesamtauffassung
frühzeitig konzipierte, in mancherlei Werkstücken inzwischen vorberei-
tete Theorie» vorgelegt und hiermit eine erste Summe, eine erste Synthese seiner intellektuellen Anschauungen niedergeschrieben.[104] In der
Tat enthalten die Unterrichtstexte bereits viele zentrale Aspekte, die im

wesentlichen unverändert in das Hauptwerk eingingen. So werden die Beziehungen zwischen politischem Zweck, strategischen Zielen und verfügbaren materiellen und moralischen Mitteln herausgestellt. Gerade die immer wieder unterstrichene – damals eben nicht selbstverständliche – Einheit von materiellen und geistigen bzw. physischen und moralischen Aspekten macht den besonderen Wert dieser knappen Texte aus. Hier taucht auch bereits Clausewitz' Theorievorstellung auf, die jeden Aspekt des fälschlich Exakten sowie das Ziel der Meßbarkeit vermeidet und sich darauf beschränkt, *nichts als ein vernünftiges Nachdenken über alle Lagen, in welche man im Kriege kommen kann*, zu sein.[105] Die Taktik oder Gefechtslehre beginnt für ihn – auch darauf sollte heute geachtet werden – mit der Verteidigung. Sofort wird hier dynamisch argumentiert: *Ein Hauptgrundsatz ist: sich nie ganz passiv zu verhalten, sondern den Feind, selbst während er uns angreift, von vorn und von der Seite anzufallen. Man verteidigt sich also auf einer gewissen Linie nur, um den Feind zu veranlassen, seine Kräfte zum Angriff derselben zu entwickeln, und geht dann mit anderen zurückgehaltenen Truppen zum Angriff über.*[106] Auch die dann als zweiter Teil der Taktik skizzierte Angriffstheorie enthält gerade im Hinblick auf aktuelle Debatten über das Kräfteverhältnis von Angreifer und Verteidiger interessante Auffassungen: *1. Man sucht einen Punkt der feindlichen Stellung... mit großer Überlegenheit anzufallen, während man die übrigen in Ungewißheit erhält (sie beschäftigt). Nur dadurch kann man bei gleicher oder kleinerer Macht mit Überlegenheit, also mit Wahrscheinlichkeit des Erfolges fechten... Überhaupt ist die Gewißheit (hohe Wahrscheinlichkeit) des Sieges, d. h. die Gewißheit, den Feind vom Schlachtfelde zu vertreiben, die Hauptsache.*[107]

Im Teil über die Strategie geht Clausewitz erneut vom Zweck-Charakter, das heißt vom politischen Grund der bewaffneten Auseinandersetzung aus: Strategie *ist die Verbindung der einzelnen Gefechte, die den Krieg ausmachen, zum Zwecke des Feldzuges und des Krieges*[108]. Hierzu sei *geübte Urteilskraft* erforderlich, weniger ein detailliertes Wissen. Darin zeichnet sich seine später vertiefte Auffassung ab, wonach die Anforderungen an den *Takt des Urteils* parallel zur politischen Verantwortung zunehmen, nach unten hin, in den niedrigeren militärischen Rängen, jedoch die Möglichkeit besteht, auch exakte Wissensbestände anzuwenden. Die Auswirkungen der Französischen Revolution schlagen sich in seiner These nieder, daß in der Strategie *drei Hauptzwecke* anzustreben seien: *a) die feindliche bewaffnete Macht zu besiegen und aufzureiben; b) sich in den Besitz der toten Streitkräfte* (in Festungen etc. gebundene) *und der anderen Quellen der feindlichen Armee zu setzen und c) die öffentliche Meinung zu gewinnen.*[109] Wie schon in der Taktik geht Clausewitz auch in der Strategielehre von der Verteidigung aus. Seine erste These ist gerade in unserer Zeit bedeutsam: *Politisch heißt Verteidigungskrieg ein solcher, den man für seine Unabhängigkeit führt; strategisch heißt Verteidigungs-*

krieg derjenige Feldzug, in welchem ich mich beschränke, den Feind in dem Kriegstheater zu bekämpfen, das ich mir für diesen Zweck zubereitet habe. Ob in diesem Kriegstheater ich die Schlachten offensiv oder defensiv liefere, ändert darin nichts.[110] Clausewitz schließt diese Arbeitshefte mit einer methodischen Anmerkung, die vor dem Positivismus eines allein praktisch sein wollenden Verhaltens warnt: *Die sinnlich anschaulichen Vorstellungen... sind lebendiger als die, welche man sich früher durch reife Überlegung verschafft hat. Sie sind aber nur der erste Anschein der Dinge, und dieser trifft, wie wir wissen, selten mit dem Wesen genau zusammen. Man ist also in Gefahr, die reife Überlegung dem ersten Anschein aufzuopfern.*[111] Auch diese These zum Verhältnis von Erscheinung und Wesen zeigt eine für Clausewitz typische, dialektisch zu nennende Haltung gegenüber der Wirklichkeit und der ihr adäquaten Untersuchungsmethode.

Zu Clausewitz' Aufgabenbereich in Berlin zählte auch seine Tätigkeit als Lehrer für den Generalstabsdienst und den Kleinen Krieg an der Allgemeinen Kriegsschule. Das Vorlesungsmanuskript über den Kleinen Krieg ist, wie Werner Hahlweg urteilt, «eine der wertvollsten, in ihrer Aussagekraft gewichtigsten Handschriften der Nachlaß-Papiere... das Clausewitz-Manuskript über den kleinen Krieg [könnte] ...als der erste Hauptteil eines Gesamtwerkes über den Krieg betrachtet werden, von dem bisher nur der zweite Hauptteil, eben der große Krieg, als das Werk *Vom Kriege* im Druck erschienen ist»[112].

Es war den preußischen Reformern und Patrioten bewußt, daß angesichts der beschränkten Kräfte des Landes eine Befreiung von der napoleonischen Herrschaft wohl nur durch einen Volkskrieg, unterstützt durch eine auswärtige Macht, gelingen könnte. Der Form nach konnte ein solcher Befreiungskrieg dann nur ein kleiner Krieg sein. Dieser kleine Krieg entwickelte sich vor den Augen der Reformer auf der Pyrenäenhalbinsel – der spanische Volkswiderstand gegen Napoleon, die Guerilla, die für die preußischen Beobachter fast zum Mythos wurde und ganz entscheidend auf die eigenen Pläne für den Landsturm und die Landwehr einwirkte. Clausewitz hatte über den Aufstand in Spanien einen Abriß verfaßt, aus dem hervorgeht, wie aufmerksam er die Kampfweise der spanischen Guerrilleros verfolgte.[113] Seine gleichzeitig gehaltenen Vorlesungen lieferten das fachliche und systematische Fundament für diese künftig in Preußen zu verwendende neue Kriegsform. Aus Hörerverzeichnissen der Kriegsschule läßt sich erschließen, daß Clausewitz nahezu ein Drittel des preußischen Offiziersnachwuchses mit seinen Darlegungen über den kleinen Krieg erreichte.

Der Krieg der Alliierten gegen das napoleonische Frankreich, namentlich in den Niederlanden, war für die Ausformung des Kleinen Krieges von großer Bedeutung: «Dort entwickeln sich die Praxis seiner Führung und die zerstreute Fechtweise auf großer Ebene, [beide] stehen in engstem, ursächlichem Zusammenhang miteinander.»[114] Scharnhorst hatte die Kämpfe in den Niederlanden mitgemacht, in seinen Vorlesungen schlugen sich seine Beobachtungen und Erkenntnisse nieder. Sein Schüler Clausewitz führt nun in seiner eigenen Weise, die bereits Gliederung und Systematik des Hauptwerks erkennen läßt, diese Einsichten über die neue Kriegsform weiter aus. Seinen Gegenstand definiert er folgendermaßen: *Man versteht unter kleinem Krieg den Gebrauch kleiner Truppenabtheilungen im Felde. Gefechte von 20, 50, 100 oder 3, 400 Mann gehören, wenn sie nicht Theil eines größern Gefechtes sind, in den kleinen Krieg. Diese Definition mag mechanisch und unphilosophisch scheinen, sie ist aber die wahre, wenn man den bisherigen Gebrauch des Ausdrucks in Betrachtung zieht; – vielleicht ist sie auch die einzige*...[115] Wie schon in der Kritik an Bülow und anderen geht es Clausewitz hier ebenfalls darum, Definitionen und Gliederungen nicht an Hand willkürlicher oder vorübergehender Merkmale oder Erscheinungsweisen vorzunehmen. Auch für den kleinen Krieg muß die begriffliche Fassung aus der Natur der Sache selbst entwickelt werden: ...*die Lehre für den kleinen Krieg* unterscheidet sich *in mehreren allgemeinen Merkmalen von den übrigen Lehren der Kriegskunst*... *1. Kleine Truppenabtheilungen finden fast überall einen fast zwanglosen Unterhalt. 2. Sie können ihr Daseyn leichter verheimlichen. 3. Sie können sich schneller bewegen*... *6. Ihre Gefechte sind fast alle auf Unterstützung berechnet. 7. Ihr Rükzug ist weniger schwierig*... *9.* ...*am häufigsten haben sie einen Zweck, der dem großen Kriege ziemlich fremd ist, Beobachtung des Feindes*... *sehr viele der kleinen Detaschirungen* haben *weder einen defensiv-, noch einen offensiv-Zweck, sondern* führen *den Beobachtungskrieg*...[116]

Dieser logisch-systematischen Definition folgt dann – lehrbuchartig – die Einleitung in den kleinen Krieg, insbesondere in seine Taktik. Dann werden die einzelnen Erscheinungsformen behandelt: Vorpostensystem, Parteigängerkrieg u. a. Hier zeigt sich der ganz praktisch denkende Clausewitz, für den das Problem der Ausbildung im Vordergrund steht. Die Vorlesungen von 1810/11 kann man wiederum in einem sachlichen Zusammenhang sehen mit den Gedanken über die Führung eines Volkskriegs in der *Bekenntnisdenkschrift* vom Frühjahr 1812 sowie mit dem Volksbewaffnungs-Kapitel in *Vom Kriege*. Auch ein Brief an Gneisenau aus dem Sommer 1811 ist in diesem Zusammenhang wichtig, weil Clausewitz ausdrücklich *diesen Brief der Theorie der Kriegskunst gewidmet*[117] hat. Bei der Lektüre dieser Quellen gewinnt man immer wieder den Eindruck, daß Clausewitz entgegen späteren Vorurteilen keineswegs ein reiner Theoretiker war. Tatsächlich beherrschte er auch die kleinen handwerklichen Details. Entscheidend war jedoch, daß ihm – im Gegensatz zu den meisten Zeitgenossen und Nachfolgern – die Synthese aus allgemeinen Konzepten und fachlichen Details gelang. Der Brief an Gneisenau enthält teilweise bereits endgültig ausformulierte Begriffe und Konzeptionen: so zum Verhältnis von Angriff und Verteidigung, zum Verhältnis von Strategie und Taktik; auch taucht das Bild vom Gefecht als dem *Geld und Gut*, von der Strategie als dem *Wechselhandel* auf; es müsse, so Clausewitz, alles aus der *Natur* der Sache, nicht aus abstrakten Definitionen abgeleitet werden[118].

In den Jahren zwischen 1810 und 1812 hatte Clausewitz damit begonnen, erste Kapitelentwürfe des Werks *Vom Kriege* niederzuschreiben. Es sind dies vor allem die systematisch-philosophischen Teile: *Über den Zustand der Theorie der Kriegskunst; Über die Theorie der Kriegskunst insbesondere vorzüglich der Strategie und Taktik* und *Von der Kriegskunst überhaupt und ihre Einteilung.*[119] In diesen Vorkapiteln ist er bestrebt, den *unnatürlichen Streit zwischen Theorie und Praxis* zu beenden. Immer deutlicher wird, daß Clausewitz eine Konzeption sucht, in der die in der Geschichte sich enthüllende Wirklichkeit in ihren vielfältigen Erscheinungen durch den philosophischen Begriff überhaupt erst erfahrbar wird. *Beobachtung* und *Untersuchung* nennt er später diese beiden Elemente seiner Theorie, denn *Philosophie und Erfahrung dürfen nie einander verachten noch ausschließen; sie leisten einander gegenseitige Bürgschaft*[120].

«Vom Kriege»: Vorstudien und Fassungen zwischen 1816 und 1830

Erst in Koblenz, nach dem Ende der Feldzüge und angesichts einer politischen Konsolidierung, vermochte Clausewitz seine Studien wieder aufzunehmen. Wie Marie von Clausewitz später berichtete, konnte er dort jedoch wegen der vielen «Dienstgeschäfte... seinen Privatarbeiten nur abgebrochene Stunden widmen; erst durch seine im Jahre 1818 erfolgte Ernennung zum Direktor der Allgemeinen Kriegsschule in Berlin gewann er die Muße, seinem Werk eine weitere Ausdehnung zu geben und es auch durch die Geschichte der neueren Kriege zu bereichern»[121]. Ganz im Sinn seiner Absicht, die Einheit von Philosophie und Erfahrung herzustellen, untersucht Clausewitz insgesamt rund 130 Feldzüge der Neuzeit, um sich somit die notwendige empirische Basis für seine theoretischen Verallgemeinerungen zu verschaffen. Diese ebenfalls erst nach seinem Tod herausgegebenen Studien reichen von den niederländischen Aufstandskriegen 1568 bis 1606 über die Feldzüge Gustavs II. Adolf, Ludwigs XIV., Johanns III. Sobieski, Friedrichs des Großen bis hin zu den Aufständen in der Vendée 1793 und schließlich zu den Feldzügen Napoleons zwischen 1797 und 1815.[122] Den Ertrag dieser intensiven Arbeitsperiode bezeichnet Clausewitz bescheiden als bloße *Materialien*, gar als *ziemlich unförmliche Masse, die durchaus noch einmal umgearbeitet werden soll*[123]. Als wirklich ausgereift betrachtet er lediglich das erste Kapitel des ersten Buchs (*Was ist der Krieg?*). Dieses Kapitel wird, so hofft er, *wenigstens dem Ganzen den*

Vom Kriege.

Hinterlassenes Werk

des

General Carl von Clausewitz.

Erster Theil.

Berlin,
bei Ferdinand Dümmler.

1832.

Dienst erweisen, die Richtung anzugeben, die ich überall halten wollte[124]. In der Tat empfiehlt es sich, dieses einführende Kapitel intensiv zu studieren; es enthält in nuce und in äußerst gedrängter Form die dialektische Grundstruktur von Clausewitz' Ansatz. Die acht Bücher des Werks *Vom Kriege* erschienen in drei Nachlaßbänden: Der erste Band enthält die Theorie-Bücher (*Über die Natur des Krieges, Über die Theorie des Krieges*) sowie die Bücher *Von der Strategie überhaupt* und *Das Gefecht* und erschien 1832. Der zweite Band, 1833 veröffentlicht, umfaßt die Bücher *Die Streitkräfte* und *Verteidigung*. Der 1834 folgende dritte Band schließlich enthält *Skizzen zum siebenten Buch*, *Der Angriff*, das achte Buch *Kriegsplan* sowie die Unterrichtshefte der Jahre 1810 bis 1812. Die Schwerpunkte des Werks lassen sich folgendermaßen zusammenfassen[125]:

1. Methode, Erkennungstheorie: Aufdecken der richtigen Beziehungen von Theorie und Praxis; Aufschlüsseln der besonderen Struktur des politisch-sozialen Seinsbereichs (Kontingenzstruktur, Rolle der Imponderabilien und *Friktionen*); Einheit von Philosophie und Erfah-

rung (Empirie), Einheit von Allgemeinem, Besonderem und Einzelnem; dialektischer Zusammenhang von Erscheinungen und Wesen (*Welt der Totalerscheinungen, Natur der Dinge*).

Clausewitz erkennt, daß Theorie und Praxis nur dann in eine richtige Beziehung zu setzen sind, wenn man die besondere Struktur des politisch-gesellschaftlichen Bereichs versteht. Der politisch-soziale Bereich unterscheidet sich vom Bereich der unbelebten und organischen Natur in erster Linie dadurch, daß er von Trägern freien Willens konstituiert wird. Deshalb entzieht sich dieser Freiheitsbereich dem naturwissenschaftlich-exakten Analyseversuch. Die Hauptleistung der Theorie besteht für Clausewitz darin, diese freiheitliche Struktur des politisch-sozialen Bereichs anzuerkennen, um hierdurch den Handelnden mit dem angemessenen *Takt des Urteils* auszurüsten. Vollständig aus der *Natur der Sache* heraus entfaltet Clausewitz deshalb eine Theorie, welche dieser besonderen, freiheitlich-zufälligen Seinsstruktur von Politik und Gesellschaft entspricht.

2. Politik – Krieg: Aufdecken der tatsächlichen, seinsbedingten Beziehungen von Politik und Krieg; der Krieg ist nur ein Teil des Ganzen, letzten Endes ist er gesellschaftlich bedingt; Bedeutung der von der Gesellschaft her entstehenden ideellen (ideologischen) und moralischen (psychologischen) Faktoren; hierdurch entstehen in der revolutionären Epoche Massenerhebungen und Nationalbewaffnungen; Entfesselung völlig neuartiger Gewaltintensität (Volkskrieg, Guerrilla); Krieg als Sonderform menschlicher Existenz, als gesellschaftspolitischer Bewegungsvorgang, nicht nur vordergründiger Instrumentalcharakter des Krieges (Werner Hahlweg).

Clausewitz' Problem sowohl im lebensgeschichtlichen wie im wissenschaftlichen Sinn war es, in rational überprüfbarer Weise zu ermitteln, ob

Taktische Skizze von Clausewitz: «Zweites Beispiel. Armee des Prinzen Heinrich bei Freiberg»

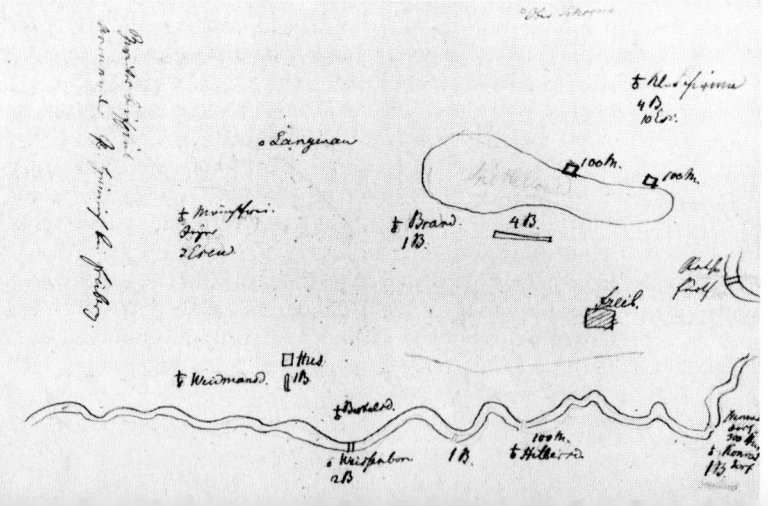

die entfesselte, revolutionäre militärische Gewalt sich gleichsam *vom Gängelbande der Politik… emanzipiert* habe oder ob sie *aus der veränderten Politik entstanden* ist, *welche aus der französischen Revolution sowohl für Frankreich als für ganz Europa hervorgegangen ist.*[126] Seine aus der schöpferischen Verbindung von *Philosophie* und *Erfahrung* entwickelte Erkenntnismethode führt ihn zum bekannten Resultat, daß es die aus der Revolution hervorgegangene Politik sei, welche diese eigendynamisch e r s c h e i n e n d e n kriegerischen Energien erzeugt habe. Diese *Politik hatte andere Mittel, andere Kräfte aufgeboten und dadurch eine Energie der Kriegführung möglich gemacht, an welche außerdem nicht zu denken gewesen wäre.* Seine Schlußfolgerung: *Also noch einmal: der Krieg ist ein Instrument der Politik…*[127] Clausewitz war es hiermit gelungen, trotz der irrational erscheinenden Äußerungsformen der Französischen Revolution dennoch die Instrumentalität dieser Vorgänge für die bürgerliche Politik und damit für die Durchsetzung der bürgerlichen Gesellschaft in Westeuropa zu erkennen. Diese als aufklärerisch zu bezeichnende Leistung von Clausewitz vermag man vielleicht dann besser zu würdigen, wenn man sich den Zusammenbruch jenes rationalistischen Optimismus der Aufklärungsepoche in den Wirren der Revolutionskriege (die zugleich ein europäischer Bürgerkrieg waren) erneut vergegenwärtigt. Denn die gekünstelte, mathematisierende Kriegstheorie der Aufklärung war aus einem intellektuellen Hochgefühl, aus dem Wunsch entstanden, «die in den Verhältnissen begründete, relative Herrschaft des Intellekts zur absoluten zu machen, das Wesen der neu entfalteten Kunst auf Prinzipien und Gesetze, nach Möglichkeit auf feste Formeln zu bringen»[128]. Die rationale Beherrschbarkeit des kriegerischen Instruments, ja dessen letztliche Aufhebung, war eines der Ziele der bürgerlichen Aufklärung gewesen.

3. Zweck – Ziel – Mittel: Das gesamte politisch-militärische Handlungsfeld ist nach Zweck (Politik), Ziel (Strategie) und Mitteln (moralische und physische; Streitkräfte/Gewalt/Krieg) durchstrukturiert. Weil es immer mehrere, zumindest zwei Handlungssubjekte (Staaten) gibt, die sich im internationalen System gegenübertreten, kann von einer Dialektik dieser strategisch organisierten Willen gesprochen werden. Zentral ist hierbei die dialektische Beziehung zwischen Verteidigung und Angriff, die Erkenntnis der richtigen Relationen von Strategie und Taktik und der vom Zweck her bedingten Vielfalt kriegerischer Erscheinungsformen (vom Vernichtungskrieg bis zur *bloßen Bedrohung des Gegners*). Daraus folgt die Unterscheidung von *idealem* und *wirklichem* Krieg, das heißt von einem *reinen Begriff* des Krieges und seiner *konkreten Gestalt*.

Clausewitz knüpfte dort an, wo die alte Tradition unabweisbar widerlegt worden war: bei dem katastrophal fehlgeschlagenen Versuch, die alte Politik des vorbürgerlichen Zeitalters mit Hilfe einer ebenso überholten Kriegstheorie angesichts und gegenüber einer revolutionären und irregulären Massenerhebung auch weiterhin fortzusetzen. Die robuste Zweckmäßigkeit in der Operationsführung der Revolutionsheere, die konsequente Anbindung von Strategie und Taktik an den revolutionären politischen Zweck, ließ über Nacht die alte Zweck-Ziel-Mittel-Verbindung anachronistisch werden. Während aber die Praktiker sich von den aufdringlichen revolutionären Erscheinungsformen blenden ließen und lediglich äußere Formen nachzuahmen suchten, nutzte Clausewitz seine Beobachtungsresultate dazu, aus der Analyse des Zusammenwirkens von *Zweck*, *Zielen* und *Mitteln* des revolutionären Gegners ein durchgreifendes, wesentliches Einteilungsprinzip (Hans Rothfels) zu gewinnen. Politik, Krieg und dessen operative wie taktische Erscheinungen (Gefechte) werden von Clausewitz als eine gewissermaßen funktionshierarchisch gestufte soziale Ganzheit aufgefaßt.

Diese funktionshierarchisch gestuften, strategisch organisierten Gebilde treffen im inter-nationalen System aufeinander. Der Krieg ist diejenige Erscheinungsform der Kollision zweier Willen (oder Interessen), in denen jeder Akteur *den anderen durch physische Gewalt zur Erfüllung seines Willens zu zwingen* sucht. Der Krieg ist also, wie Clausewitz in der endgültigen Fassung des ersten Buches formuliert, *ein Akt der Gewalt, um den Gegner zur Erfüllung unseres Willens zu zwingen*. Diese physische Gewalt ist das Instrument, das Mittel. Die Willensaufdringung ist der – politische – Zweck. *Um diesen Zweck sicher zu erreichen, müssen wir den Feind wehrlos machen, und dies ist dem Begriff nach das eigentliche Ziel der kriegerischen Handlung. Es vertritt den Zweck und verdrängt ihn gewissermaßen als etwas nicht zum Kriege selbst Gehöriges.* [129] Hier wird also ganz präzis die Aufdrängung des eigenen politischen (revolutionären oder konterrevolutionären) Willens als die Ursache oder der Grund jener Erscheinungsformen erkannt, die wegen ihrer gewaltintensiven Präsenz sich der sinnlichen wie der kognitiven Wahrnehmung naturgemäß stärker aufprägen und deshalb zu theoretischen Fehlschlüssen verleiten.

Aus diesem Vorrang des Politischen, dem Primat des Zwecks, folgert Clausewitz, daß es Kriege von unterschiedlichster *Wichtigkeit und Energie* geben könne: *Läßt man diesen Einfluß des politischen Zweckes auf den Krieg einmal zu, wie man ihn denn zulassen muß, so gibt es keine Grenze mehr, und man muß sich gefallen lassen, auch zu solchen Kriegen herunterzusteigen, die in bloßer Bedrohung des Gegners und in einem Subsidium des Unterhandelns bestehen.* [130]

Die Politik ist also die leitende Intelligenz, sie steuert den Krieg, und der politische Zustand, der ihm folgen wird, wirkt bereits durch den Kalkül auf ihn zurück. Mit anderen Worten: Der von der leitenden Intelligenz bereits einkalkulierte, geplante Frieden bestimmt die Intensität der Gewalthandlung. Mithin dient die Strategie (Ziel-Ebene) nur diesem politischen Zweck des Friedens – Clausewitz votiert hier also eindeutig für eine Unterordnung der militärischen Strategie unter den gesamtstra-

Handschrift von Clausewitz: «Ueber die künftigen Kriegs-Operationen Preußens gegen Frankreich»

tegischen, also politischen Zweck des Krieges: *Die Strategie hat ursprünglich nur den Sieg, d. h. den taktischen Erfolg, als Mittel und, in letzter Instanz, die Gegenstände, welche unmittelbar zum Frieden führen sollen, als Zweck.*[131] Die konsequente Auffassung von Strategie als Gebrauch der Gefechte zum Z w e c k e des Krieges und vom Zweck des Krieges als Politik wurden in der Folgezeit häufig mißverstanden.[132] Der Zweck des Krieges ist die Politik bzw. die politische Willensaufdrängung. Die leitende Intelligenz muß ein ganz besonderes Maß von Urteilskraft oder *Takt des Urteils* besitzen, um die im Krieg wirksam werdende Dialektik von Angriff und Verteidigung zu durchschauen. Clausewitz geht davon aus, daß es sich hierbei um wechselseitig aufeinander einwirkende Kampfformen unterschiedlicher Stärke handelt: *... die Verteidigung* ist *die stärkere Form mit dem negativen Zweck, der Angriff* ist *die schwächere mit dem positiven Zweck ...*[133] Beide stehen in dialektischer Beziehung: Die Verteidigung ist nichts *als eine stärkere Form des Krieges, vermittelst welcher man den Sieg erringen will, um nach dem gewonnenen*

99

Übergewicht zum Angriff, d. h. zu einem positiven Zweck des Krieges, überzugehen.[134]

Abschließend seien die wichtigsten Begriffe nochmals in einem Tableau aufgeführt:

1. Allgemeine Begriffe

Untersuchung	Beobachtung
Philosophie	Erfahrung
– Natur der Sache	– Erfahrung
Ganzes	Teil
	Element
Wesen	Erscheinung
– des Ganzen	– Welt der Totalerscheinungen
	– Gesamterscheinungen
	– sinnlich-anschauliche Vorstellungen

2. Der Krieg

idealer ⎫
absoluter ⎬ Krieg   wirklicher Krieg
abstrakter ⎭

reiner Begriff ⎫
ursprünglicher ⎬ des Krieges   konkrete Gestalt des Krieges
   Begriff
absolute Gestalt ⎭

3. Drei Gegensatzpaare

moralisch	physisch
Mittel	Zweck

Zweck	Willen aufdringen	Politik
Ziel	wehrlos machen	Strategie, Krieg, Feldzug
Mittel		Taktik/Gefecht

Verteidigung	Angriff

Wirkungen

Zögernde Aufnahme, erste Mißverständnisse

Vom Kriege wurde zunächst als kriegswissenschaftliches Werk rezipiert. Damit war der erste Kreis der Leser und Kritiker auf Berufssoldaten und Militärschriftsteller beschränkt, bei denen es, worauf Werner Hahlweg hinweist, durchaus positive Aufnahme fand. In diesem engen Kreis von Interessenten begannen sich aber die bis heute fatalen Mißdeutungen und einseitig verzerrenden Auslegungen auszubilden. Gleich nach seinem Erscheinen in den Jahren 1832 bis 1834 fand das Werk drei überzeugte Fürsprecher: den preußischen Major und Militärschriftsteller Carl von Decker, Johann Ludwig Blesson, den Leiter der preußischen «Militair-Literatur-Zeitung» und persönlichen Freund von Clausewitz, und schließlich den Militärschriftsteller und königlich-sächsischen Hauptmann Karl Eduard von Pönitz.[135] Zudem waren sogleich in der damals wichtigen preußischen «Zeitschrift für Kunst, Wissenschaft und Geschichte des Krieges» zwischen 1833 und 1835 Teile aus *Vom Kriege* veröffentlicht. Pönitz vertrat im Jahre 1834 die Gedanken von Clausewitz im «Militair Conversations-Lexikon» sowie in anderen Publikationen, in denen er sich insbesondere gegen die damals dominierende Lehre des Generals Karl Wilhelm von Willisen wendete.[136] Willisen könnte man als Positivisten bezeichnen; seine praktizistische Lehre und nicht die Clausewitzsche beherrschte die preußische Kriegsakademie. Wie Pönitz zutreffend vermerkte, war der rücksichtslos nach Wahrheit strebende Clausewitz der Eitelkeit und Selbstsucht anderer zu nahe getreten. Denn wie wäre es sonst zu erklären, daß Clausewitz in gewissen Kreisen nicht die seinem wichtigen Beitrag für die Kriegswissenschaft gebührende Aufnahme erfuhr und daß die ersten drei Bände seiner «Hinterlassenen Werke», die *Vom Kriege* enthalten, bei einer Auflage von nur 1500 Exemplaren erst nach mehr als zwanzig Jahren eine zweite Auflage erlebten?

Es verwundert hingegen nicht, daß Jomini das Werk scharf kritisierte. Clausewitz habe sich im ersten Band gegen jede Theorie des Kriegs ausgesprochen. Hingegen steckten die beiden anderen Bände voll theoretischer Grundsätze, die den Beweis lieferten, daß der Verfasser an den Nutzen seiner eigenen Lehren, jedoch nicht an den anderer glaube.[137]

Helmuth Graf von Moltke (1800–91)

Dem einflußreichen Jomini, zur Zeit dieser kritischen Betrachtung kaiserlich-russischer General, war sicherlich nicht entgangen, daß eben vor allem auch er gemeint war, wenn Clausewitz im ersten Band die Systemmacher, Methodiker und Verfechter positiver Lehren verurteilte. Auch von österreichischer Seite kamen ablehnende Urteile: In der bis heute bedeutenden «Österreichischen militärischen Zeitschrift» kritisierte der Militärschriftsteller Johann Baptist Schels 1833 Clausewitz' mangelnde Kenntnis der österreichischen Quellen, soweit es im vierten Band der «Hinterlassenen Werke» um den Italien-Feldzug von 1796 gehe. Allerdings würdigte Schels auch die geistvollen Lehren und zahlreichen Schönheiten des Werks.[138] Insgesamt muß man der zeitgenössischen Aufnahme des Werks zugute halten, daß manche Aspekte – vorrangig eben jedoch lediglich die militärischen – sofort erkannt und auch anerkannt wurden. In dieser ersten Phase der Rezeption sind die Einflüsse von Jomini und Willisen offensichtlich, die namentlich in der Lehre an den Militärakademien das Feld beherrschten. Der Durchbruch gelingt erst mit den preußischen Siegen von Königgrätz 1866 und Sedan 1870, als sich alle Welt fragte, wer gleichsam hinter General Helmuth Graf von Moltkes glänzenden operativen Zügen und strategischen Plänen gestanden hatte. So ist es wohl zutreffend, wenn heute im allgemeinen angenommen wird, daß über Moltke Clausewitz Eingang in das deutsche militärische und strategische Denken fand.[139]

Durchbruch des militärischen Clausewitz

Herbert Rosinski zufolge nahmen die Ideen von Clausewitz in dieser ersten Phase ihren Weg «durch tausend verschiedene Kanäle hinein in das ganze geistige Leben der Armee. Sie sickerten mit Clausewitz' ganz persönlichem, prägnantem, elegantem Stil selbst in die Befehle und Anordnungen ein und berührten auf diese Weise selbst jene, die sein Werk niemals zu Gesicht bekommen hatten.» Mit Blick auf die zweite, systematische Aneignungsphase schreibt Rosinski, daß der «Mann, der diese Ideen auf die konkreten Tagesprobleme anwenden und Clausewitz'... Gedanken aus dem Bereich der reinen Theorie in die Sphäre aktionsbestimmter Praxis umsetzen sollte», Moltke hieß.[140]

Helmuth Graf von Moltke hatte während seiner Ausbildungszeit keinen Kontakt zu Clausewitz gefunden, weder einen geistigen noch einen persönlichen, obwohl Moltke als Kriegsschüler von Ende 1823 bis Mitte 1827 formell unter dem Direktor der Kriegsschule, Clausewitz, gedient hatte. Doch Clausewitz war von der Lehre ausgeschlossen worden, ihm oblag allein die Verwaltung der Akademie. So war Moltke dem praktizistisch ausgerichteten Lehr- und Studienbetrieb der Reaktionszeit ausgesetzt; Gegenpositionen vertrat dort allerdings auch der Begründer der politischen Geographie, Carl Ritter, der seinen Hörern in umfassender Weise geographisch-naturwissenschaftliche mit historisch-politischen Erkenntnissen zu vermitteln vermochte.

Eben diese Einflüsse des neuen politisch-geographischen Denkens auf das Einfühlungsvermögen des jungen Moltke wirkten sich in dem Moment aus, da seine Ernennung zum Chef des Generalstabs im Jahre 1857 ihm freie Bahn für seine Ideen schuf. Moltke erkannte sehr rasch, daß die neuen technischen Mittel – Eisenbahn und Telegraph – völlig neue Möglichkeiten beim operativen Einsatz der Massenarmeen eröffneten: Gerade sein kritisches Bemühen befreite ihn vom dogmatisch fixierenden Rückblick auf die napoleonische Strategie und führte ihn zur Clausewitzschen Konzeption einer sich auf informierte Urteilskraft stützenden *freien Seelentätigkeit*. Diese letzten Endes philosophische Einstellung zu den praktischen Fragen der modernen Militärstrategie machte Moltke zum Vordenker moderner Positionen: Weil er sich nicht positivistisch an ein überkommenes Schema klammerte, andererseits aber auch nicht nur einfach offen war, sondern, vom Vorrang der leitenden operativen Idee ausgehend, unbefangen die ganze Skala vorhandener Instrumente mustern konnte, blieb er in einem überlegenen Sinn praktischer als seine nur pragmatisch sein wollenden Kollegen. Diese Konstellation sollte sich gegenüber Österreich und Frankreich auszahlen. Kongenial erscheint hier nur noch ein völliger Außenseiter und Zivilist: Friedrich Engels, der ungefähr zur gleichen Zeit wie Moltke auf die neuen operativen Möglichkeiten der modernen Verkehrs- und Kommunikationstechnik hinweist.[141]

Durch das Clausewitz-Studium fühlte sich Moltke in seiner Auffassung bestätigt, daß es keine allgemeinen Regeln gebe, sondern nur ein geschultes Verständnis der jeweiligen konkreten Situation. Dies erleichterte es ihm, gleichsam unantastbare militärstrategische Dogmen seiner Zeit zugunsten einer kreativen Verbindung aller modernen Instrumente beiseite zu schieben: Er kümmerte sich nicht mehr um das Napoleon zugeschriebene Erfolgsrezept einer Konzentration aller Kräfte auf der «inneren Linie». Statt dessen nutzte er das gerade erst aufkommende Massentransportmittel Eisenbahn dazu, getrennt zu marschieren und dank der daraus resultierenden Umfassung von allen Seiten dann am errechneten Treffpunkt vereint zu schlagen. Die Trassenführung der neuen Eisenbahnen in Norddeutschland wurde vom Generalstab mitgeplant, so daß die Endpunkte für das Ausladen der Truppen an den Grenzen zugleich operative Ausgangspositionen darstellten – wie ein Blick auf die Trassen in Richtung Österreich bzw. Frankreich erkennen läßt. Die Schlacht von Königgrätz 1866 dokumentierte den Erfolg dieses Ansatzes: Während die österreichische Armee sich auf der einzigen vorhandenen Bahnstrecke staute und nur mit Teilen ins Gefecht gelangte, erreichten die preußischen Truppen gleichzeitig über fünf konzentrisch auf Böhmen zulaufende Eisenbahnlinien in drei operativen Marschsäulen das Gefechtsfeld. Der getrennte, weiträumig angelegte Aufmarsch von der «äußeren Linie» her verschaffte dem Feldherrn einen ausfüllbaren Handlungsspielraum angesichts jederzeit möglicher Änderungen der militärischen Lage.

Aber auch Moltke entging nicht dem Schicksal, unzulässig verallgemeinert und dogmatisiert zu werden. Während seine Methode gerade darin bestand, im Sinn von Clausewitz jeden *Methodismus* abzulehnen und lageangemessen die leitende operative Idee durchzuhalten, suchte nach den Moltkeschen Erfolgen alle Welt das Rezept dafür. Indem man Clausewitz als den geistigen Lehrer Moltkes entdeckte, begannen die Militärs des In- und Auslands in *Vom Kriege* nach Regeln und Methoden zu forschen. Alle Großmächte oder diesen Status anstrebende Staaten folgten dem Moltkeschen Modell und richteten Generalstäbe nach dem Vorbild einer funktional gegliederten, zentralen Planungsorganisation ein. Doch war es gerade dieser Modellgedanke, der die Nachahmer, ganz analog zur nun vergessenen oder verdrängten Dogmatisierung Napoleons, erneut zu dem von Clausewitz und Moltke verworfenen *Methodismus* und Formalismus verführte. In Deutschland sollten sich sehr bald die Folgen zeigen: Immer mehr verengte sich das Blickfeld der Strategen auf das mechanische und technisch verstandene Befolgen von Mustern, die nur für eine einmalige historische Konstellation entworfen worden waren.

Erleichtert wurde diese einseitige Blickweise paradoxerweise durch Moltke selbst. Dieser war nicht in jeder Hinsicht als Schüler von Clausewitz zu betrachten. Moltke wich namentlich dort von Clausewitz ab, wo sich letzterer mit dem Verhältnis von Politik und Strategie befaßte. Während bei Clausewitz die Politik den ganzen kriegerischen Akt durchzieht, vertrat Moltke die Auffassung, daß die Politik entscheidend auf den Beginn und das Ende desselben einwirkt bzw. einzuwirken habe. Die Strategie könne ihr Streben stets nur auf das höchste Ziel richten, welches mit den vorhandenen Mitteln erreichbar sei. Sie arbeite so am besten der Politik in die Hand, diene nur deren Zweck, sei aber im Handeln völlig unabhängig von ihr.[142] Clausewitz vertrat hingegen einen umfassenderen Begriff von Politik: *Die Politik also wird den ganzen kriegerischen Akt durchziehen und einen fortwährenden Einfluß auf ihn ausüben*, wobei er allerdings diese These vom Vorrang der Politik noch dialektisch offenhält, indem er den Satz beschließt: ... *soweit es die Natur der in ihm explodierenden Kräfte zuläßt.* Dieser zentralen Aussage geht der viel zitierte Satz voraus: *Aber der politische Zweck ist deshalb kein despotischer Gesetzgeber, er muß sich der Natur des Mittels fügen und wird dadurch oft ganz verändert, aber immer ist er das, was zuerst in Erwägung gezogen werden muß.*[143] Möglicherweise erzeugte diese Formulierung aber ein Mißverständnis, das weniger Moltke als vielmehr dem Herausgeber der zweiten Auflage des Werks *Vom Kriege* zuzuschreiben ist. Diese von Friedrich Wilhelm Graf Brühl 1853 besorgte Auflage, auf deren Textgestalt mehr oder weniger alle späteren Ausgaben zurückgehen, enthält neben vielen anderen entstellenden Textveränderungen auch die folgende Variante aus der Feder Brühls: Der Feldherr ist Mitglied des Kabinetts, «damit er in den wichtigsten Momenten an dessen Beratungen und Beschlüssen teilnehme». Während in der ersten Auflage der Vorrang des Politischen betont wird, verkehrt die Brühlsche Manipulation den Sinn des Clausewitzschen Gedankengangs in sein Gegenteil.[144] Man kann mit Fug und Recht vermuten, daß Moltke – wie fast alle Leser im 19. und frühen 20. Jahrhundert – die manipulierte Fassung des Urtextes in der einen oder anderen Auflage gelesen hat. Diese Sinnentstellung gab also einer militärischen Lesart des Buchs *Vom Kriege* weitere Motive an die Hand. Alle Auflagen bis einschließlich der 15. von 1937 folgten dem Wortlaut der dritten Auflage von 1867/69, die wiederum die wesentlichen Entstellungen aus der zweiten Auflage enthielt. Erst 1952 wurde von Werner Hahlweg in der 16. Auflage der ursprüngliche Text der ersten Auflage wiederhergestellt. Im manipulierten Text spiegelte sich aber auch die zentrale Stellung der Streitkräfte in der Gesellschaft: Sowohl der Sieg über Napoleon wie auch die Reichsgründung 1871 waren nicht das Werk ziviler Aufstände oder Versammlungen, sondern eben der von oben

entfesselten und gelenkten militärischen Gewaltanwendung. Die gesellschaftlichen Bedingungen unterstützten also eine Interpretation, die die
klare Einordnung der militärischen Strategie in politische Zwecksetzun-
gen zumindest verwischte, wenn nicht gar umdrehte.

Die Umkehrung von Clausewitz

War dem Militärtheoretiker Clausewitz also der Durchbruch durch die
Abwehrfront widerstrebender pragmatischer Geister gelungen, so blieb
der wesentliche, der philosophische Clausewitz weiterhin in einer aus-
sichtslosen Defensive. Der Moltke-Schüler Alfred Graf von Schlieffen,
dessen Einfluß bis weit in den Ersten Weltkrieg hineinreichte, hatte in der
von ihm eingeleiteten fünften Auflage des Werks *Vom Kriege* im Jahre
1905 einerseits höchste Töne des Lobes angeschlagen, andererseits aber
einschränkend hinzugefügt, es überwiege eine philosophierende Betrach-
tungsweise, die den zeitgenössischen Leser nicht immer anmute. Im nachdrücklichen Betonen des Vernichtungsgedankens liege der besondere
Wert des Buchs. Hier wird Clausewitz ins Gegenteil verkehrt: Während
das Bleibende, die Philosophie, als zeitgebunden betrachtet wird, erscheint Schlieffen ein von Clausewitz nur als ein Moment in einem Ganzen erörterter Faktor als zeitlose, bedeutendste Idee.[145] Kritiker wie Ray-

Alfred Graf von Schlieffen
(1833–1913).
Fotografie von E. Bieber

mond Aron, Werner Hahlweg oder Jehuda Wallach haben deshalb zu Recht betont, daß sich in der Person Schlieffens der moderne Typ des Nur-Spezialisten, des Technokraten verkörperte. Aron fragt, ob Schlieffen zu Clausewitz nicht wie Lenin zu Marx stünde: «Der Techniker folgt auf den Philosophen, ob es sich um den Krieg oder die Revolution handelt.»[146] Der 1833 geborene Schlieffen gehörte schon ganz in die nachidealistische, von der industriellen Revolution mit allen ihren sozialen Folgeerscheinungen geprägte Epoche. Die Weltpolitik wird nun vom Imperialismus und vom Rüstungswettlauf der Großmächte bestimmt. In der Amtszeit Schlieffens als Chef des Generalstabs von 1891 bis 1905 hatten sich die von Moltke noch in die Kriegskunst integrierten Einflüsse und Faktoren in Umfang und Wirkung bedrohlich gesteigert: Zu nennen sind hier die weitere Erhöhung der Truppenstärken zu Millionenheeren, die technischen Veränderungen (Feuerkraft) sowie die dramatischen Umwälzungen der internationalen Kräfteverhältnisse. Diese hatten sich vor allem in der Folge der abenteuerlichen Außenpolitik Wilhelms II. verändert: Die Herausforderung Großbritanniens durch die Flottenpolitik und namentlich die Kündigung des Rückversicherungsvertrags mit Rußland hatten zu der von Bismarck sorgfältig vermiedenen Zweifrontensituation Deutschlands geführt.

Als gleichsam ingenieurhaft denkender Stratege suchte Schlieffen das vielschichtige und komplexe Problem politisch-militärischer Planung zu lösen, indem er politische Überlegungen ausklammerte und alle strategischen, operativen und taktischen Momente in einem einzigen gigantischen Ablaufplan vereinigte. Allerdings muß eingeräumt werden, daß es angesichts fehlender politischer Kontrolle keine Gegenkraft gab, die den Höhenflug solch spezialisierten Denkens hätte abbremsen können. Rückblickend neigen auch Kritiker wie Herbert Rosinski dazu, dem Verfasser des Plans selbst noch Anpassungsfähigkeit an veränderte politisch-militärische Gegebenheiten zu bescheinigen; das Problem seien die Schüler Schlieffens gewesen, die nunmehr aus einer denkbaren Variante ein Dogma ableiteten.[147] So muß alles in allem von einer absteigenden Tendenz im strategischen Bewußtsein in Deutschland gesprochen werden: Clausewitz ging noch bewußt davon aus, daß der Kriegsplan – und mithin die Sicherheitspolitik – aus dem ganzen Geflecht der internationalen Beziehungen und Kräfteverhältnisse hervorgehen müsse. Schlieffen suchte die militärische Seite der Planung vollständig von der politisch-strategischen zu lösen. Moltke nimmt in dieser Entwicklung, wie wir sahen, eine mittlere Position ein. Für Clausewitz steht es fest, daß es entsprechend der Mannigfaltigkeit der politischen Zwecke *im Kriege der Wege zum Ziele viele gibt, daß nicht jeder Fall an die Niederwerfung des Gegners gebunden ist*[148]; Schlieffen sah hingegen in der Niederwerfung den einzig möglichen Weg zum Ziel. Aber wenn man auch – in gezielt einseitiger Interpretation – aus Clausewitz Empfehlungen der einen oder anderen

Kaiser Wilhelm II. mit Paul von Hindenburg (links) und Erich Ludendorff (rechts) im Großen Hauptquartier in Spa, 1918

Operationsmethode herauslesen konnte, verfehlte man gerade damit den methodischen Grundgedanken: daß nämlich nur *die Gesamtverhältnisse der individuellen Fälle* entscheiden.

Der Plan Schlieffens war angesichts eines bestimmten Kräfteverhältnisses entstanden. Es hätte Schlieffens Mentalität entsprochen, gegenüber einer veränderten Konstellation der Kräfte den Plan neu durchzukalkulieren oder aber, wie dies schon Moltke gefordert hatte, den ursprünglichen leitenden Gedanken eben konsequent durchzuhalten. Bekanntlich wählte aber Moltkes Neffe Helmuth von Moltke, seit 1906 Nachfolger Schlieffens, in den Operationen von 1914 einen unglücklichen Mittelweg. Sein Nachfolger Erich von Falkenhayn entschied sich – nachdem das Scheitern des Plans den Generalstab in einen Zustand lähmender Betäubung versetzt hatte –, in die Defensive überzugehen. Nachdem die deutsche Offensive unter Falkenhayn bei Verdun im August 1916 nach furchtbaren Verlusten gescheitert war, sollte Generalfeldmarschall Paul von Hindenburg zusammen mit seinem Generalquartiermeister Erich Ludendorff die im Stellungskrieg erstarrte Westfront wieder in Bewegung bringen. Beide hatten sich im Osten, wo noch großräumige Operationen möglich waren, einen Namen gemacht (Tannenberg 1914, Lodz). Wegen der konstitutionellen Schwäche der politischen Spitze des Reichs ging allmählich auch die politisch-strategische Leitung auf die militärische Seite über: Gedeckt durch ihr ungeheures Prestige als Sieger von Tannenberg und angesichts der großen auf sie gerichteten Erwartungen vermochten Hindenburg und Ludendorff faktisch eine Militärdiktatur im Rahmen der Verfassung des Kaiserreichs zu errichten.

Mit Erich Ludendorff hatte sich der bereits bei Schlieffen bemerkbare Wandel vom philosophisch-ganzheitlich orientierten Feldherrn Moltkescher Prägung zum technisch-systematischen Praktiker nunmehr vollständig durchgesetzt. Unter dem Druck der Umstände hatte Ludendorff faktisch die von Clausewitz geforderte Zweck-Mittel-Beziehung zwischen politischer Gesamtstrategie und Militärstrategie umgekehrt. Nach dem verlorenen Krieg, der auf der deutschen Seite gleichsam im Kontrast zur Clausewitzschen Lehre geführt worden war, setzten die publizistischen Rechtfertigungsversuche ein. In einer ersten grundlegenden Schrift von 1922 manipuliert Ludendorff bereits die zentrale Aussage von Clausewitz: «Im übrigen hat die Gesamtpolitik dem Kriege zu dienen.»[149] In Ludendorffs auch Adolf Hitler stark beeinflussendem Buch «Der totale Krieg» wird dann der radikale Bruch vollzogen: «Das Wesen des Krieges hat sich geändert, das Wesen der Politik hat sich geändert, so muß sich auch das Verhältnis der Politik zur Kriegsführung ändern. Alle Theorien von Clausewitz sind über den Haufen zu werfen. Krieg und Politik dienen der Lebenserhaltung des Volkes, der Krieg aber ist die höchste Äußerung völkischen Lebenswillens. Darum hat die Politik der Kriegsführung zu dienen.»[150]

Werner Hahlweg verweist darauf, daß diese Formulierung teilweise den Gesetzen logischen Denkens widerspricht: Wenn sich die beiden Glieder einer Relation ändern, läßt sich noch nicht auf eine Änderung der Relation selbst schließen. Auch bei einer veränderten Politik und einer veränderten Kriegführung kann das Verhältnis der Unterordnung weiterbestehen. Der Ludendorff-Schüler Hitler lieferte nur wenig später Schulbeispiele für diese radikale Umkehrung von Clausewitz; die Katastrophe des Dritten Reichs markierte das Ende eines langen Verfallsprozesses: den Abstieg von der Höhe klassischen philosophischen Denkens über die Zwischenstufen des Positivismus und Praktizismus bis hinunter zur pervertierten Sozialtechnik des Nationalsozialismus.

Vergebliche Rückbesinnung in der Zwischenkriegszeit

In den zwanziger und dreißiger Jahren hatte es in Deutschland nicht an gewichtigen Stimmen gefehlt, die gegen Ludendorff eine Rückbesinnung auf Clausewitz forderten. An dieser Stelle sei darauf verwiesen, daß sich neben Ludendorffs Auffassung – und diese faktisch stützend – eine immer ausschließlicher technisch-operativ denkende Richtung bemerkbar machte. Der Name Heinz Guderian mag für diese Linie stehen. Zur glei-

Hans von Seeckt (1866–1936) mit Reichspräsident von Hindenburg beim
Reichswehrmanöver, 1928

chen Zeit entstand in Westeuropa ebenfalls eine vorwiegend praktisch-
technische Strategielehre, für die die Namen John Fuller und Basil Henry
Liddell Hart repräsentativ sein dürften. Charakteristisch für beide Richtungen ist die ignorante bis negative Einstellung gegenüber Clausewitz.

Der Schock der Niederlage von 1918 schuf zunächst ein geistiges
Klima, in dem wieder die Rede von Clausewitz sein konnte. Ein typischer
Repräsentant des Übergangs zwischen Weltkrieg und Nachkriegsperiode
war Hans von Seeckt. Er vertrat die Ansicht, daß nur der Rückgriff auf
die klassische, von Clausewitz und dem älteren Moltke geprägte Strategielehre, verknüpft mit den modernen Entwicklungen, zu einer wirksa-
men Verteidigungskonzeption führen könne. Die entwaffnete Weimarer
Demokratie war von hochgerüsteten Nachbarn umgeben. Diese Lage be-
lebte im Kreis um Seeckt den längst verdrängten Clausewitzschen Gedanken vom Vorrang der Verteidigung gegenüber dem Angriff. Solange
Seeckt auf Grund seiner ungewöhnlich einflußreichen Position als Chef

der Heeresleitung im politischen System Weimars wirken konnte, dominierte auch tatsächlich ein im Clausewitzschen Sinn defensives Konzept das strategische Denken. Der Seeckt-Schüler Ludwig Beck sah in der Strategie eine Kunst, eine auf wissenschaftlicher Grundlage beruhende schöpferische Tätigkeit; im Idealbild des Soldaten sollten sich nach seiner Auffassung friderizianische und kantische Elemente verbinden (Hans Speidel). Alle militärischen Fragen sollten in ihren Zusammenhängen, das heißt in ihrer von Politik, Gesellschaft und internationalen Kräftefaktoren mitbedingten und durch diese vorgegebenen Ganzheit systematisch durchdacht und behandelt werden.

Nachdem Beck 1933 als Chef des Truppenamtes die von ihm maßgeblich beeinflußte zentrale Führungsvorschrift für die Landstreitkräfte erlassen hatte, konnte sich bis in die Waffenstruktur und Ausbildungstätigkeit des Heeres hinein der Clausewitzsche Verteidigungsgedanke durchsetzen. Ähnlich dem sowjetischen Konzept sollten alle Waffengattungen und Teilstreitkräfte in einem ausgewogenen Verhältnis zueinander aufgestellt und im Sinn einer alle Gefechtsarten umfassenden Weise ausgebildet werden. Jeglicher Extremgedanke wie der des italienischen Generals Giulio

Ludwig Beck (1880–1944)

Douhet vom unbedingten Primat der strategischen Luftwaffe oder der einer totalen Mechanisierung des Heeres im Sinne der britischen Schule, Fuller und Liddell Hart, wurde von Beck zurückgewiesen. Erstmals war im deutschen Heer der Begriff Abwehr gleichrangig neben dem des Angriffs verwendet worden (H.-L. Borgert). Hitler ignorierte jedoch zunehmend seinen eigenen Generalstabschef, bis er ihn schließlich am Vorabend des Kriegs entließ. Die Becksche Abwehrschule sah wegen der geostrategischen und rüstungswirtschaftlichen Gesamtlage Deutschlands voraus, daß mit dem Blitzkriegskonzept lediglich Feldzüge, aber nicht Kriege gewonnen werden konnten. Sie folgte deshalb dem Clausewitzschen Diktum, daß alle *Instanzen* wohl überlegt sein müssen, um nicht in *der letzten den Prozeß zu verlieren, den man in früheren gewonnen hat, und dann in die Kosten verurteilt zu werden*[151].

Der Triumph der Clausewitz-Gegner

Als Generaloberst Beck im August 1938 zum Rücktritt gezwungen wurde, verlor das Heer nicht nur den Chef des Generalstabs, sondern auch diejenige Persönlichkeit, die noch umfassend philosophisch und strategisch zu denken vermochte. Die politische Führung hatte den Primat der Politik zwar in jeder Hinsicht durchgesetzt, sie verstieß jedoch damit gegen die Lehre von Clausewitz vom sinnvollen Verhältnis von politischem Zweck, strategischem Ziel und moralischen und physischen Mitteln. Wenige Wochen nach seiner Verabschiedung hatte Beck dies unter Bezug auf Clausewitz in einer dem damaligen Oberbefehlshaber des Heeres Walther von Brauchitsch vorgelegten Studie hervorgehoben. Beck verlangte – Clausewitz zitierend –, daß die oberste militärische Führung verhüten müsse, daß «*die Politik Dinge fordert, die gegen die Natur des Krieges sind, daß sie aus Unkenntnis über die Wirkungen des Instruments Fehler begeht im Gebrauch desselben*»[152]. Der Verlauf von Hitlers Rußland-Feldzug 1941 bis 1945 darf «als Schulbeispiel für die Nichtbeachtung oben aufgeführter... Thesen des Werkes *Vom Kriege* gelten. Hitler... verfolgte hier ein unbegrenztes Ziel mit nur begrenzten Mitteln, Stalin umgekehrt ein nur begrenztes Ziel mit unbegrenzten Mitteln (nämlich zunächst allein die Vertreibung der vorgedrungenen deutschen Armeen von sowjetischem Boden).»[153] Beck hatte vorhergesagt, daß insbesondere der uferlos weltanschauliche Charakter von Hitlers Krieg – namentlich sein «rassentheoretischer» Aspekt – «eine Wiederannäherung an einen ursprünglichen Naturzustand besorgen» und «daß ein auf vorstehender Grundlage sich bildender politischer Haß» geeignet sei, «Kriege ihres örtlichen Charakters zu entkleiden. Denn solche Haßströmungen... können sogar auf andere Erdteile übergreifen.»[154] Er sieht richtig die Niederlage Deutschlands gegen die durch einen solchen politischen Zweck mobilisierte Weltkoalition voraus und resümiert unter ausdrücklicher Verwen-

Stalingrad: Deutsche Soldaten auf dem Weg in die russische Kriegsgefangenschaft nach der Kapitulation am 23. Januar 1943

dung Clausewitzscher Kategorien, daß der politische Zweck des Kriegs «auch den letzten Akt... die Gewinnung des Friedens, in das Kalkül einbeziehen» muß. «Nur bei klar umrissenem Zweck ist es möglich, aus ihm und aus den vorhandenen Mitteln das kriegerische Ziel abzuleiten.»[155]

Trotz dieser Warnungen und Forderungen der Abwehrschule wurden die Operationen des Zweiten Weltkriegs ohne Rücksicht auf eine ganzheitlich bedachte Zweck-Ziel-Mittel-Relation zunächst als «Blitzkriege» erfolgreich durchgeführt. Der strategisch wichtige Punkt des Übergangs von Angriff auf Abwehr wurde nach den ersten schweren Rückschlägen jedoch verpaßt. Zu solcher Rationalität war die antihumanistische politische Führung überhaupt nicht in der Lage. Das in globalpolitischen Bezügen, auf der ideellen Basis der Bürger- und Menschenrechte entfaltete angelsächsische Strategiedenken erwies sich in der *letzten Instanz* als durchsetzungsfähig – wie das gleichzeitig über zwei Ozeane hinweg erfolgte Eingreifen der USA in die zunächst noch regionalen europäischen bzw. ostasiatischen Kriegsschauplätze dokumentierte. Ob der Westen hierbei allerdings Friedenszwecke und Mitteleinsatz in seiner Strategie optimal verknüpfte, kann als Frage nicht mehr Gegenstand dieses kurzen Überblicks sein.

Eine Clausewitz-Renaissance nach 1945?

Bis 1945 hielt sich im Westen die Auffassung, daß Clausewitz – dem man großen Einfluß auf die militärischen Erfolge von 1866 und 1870/71 zuschrieb – doch zu deutsch, das heißt zu «metaphysisch», sei, um von der westlichen Rationalität akzeptiert werden zu können. Nach dem Zweiten Weltkrieg überdauerte diese Einstellung noch auf französischer und britischer Seite (André Beaufre; Fuller, Liddell Hart, wobei Liddell Hart noch seine Auffassung zu differenzieren suchte). Sieht man davon ab, daß in der zweit- und drittrangigen Strategieliteratur des Westens die bekannten Fehlurteile über Clausewitz weiter verbreitet wurden, so muß doch für die Vorhut der Forscher eine Hinwendung zum g a n z e n Clausewitz festgehalten werden. Autoren wie Bernard Brodie und Henry Kissinger auf amerikanischer, Michael Howard und Werner Hahlweg auf europäischer Seite sowie die grundlegenden Arbeiten von Peter Paret (USA), Raymond Aron (Frankreich) und Jehuda Wallach (Israel) vertreten eine neue Stufe in der Clausewitz-Forschung.[156] Die westdeutsche Clausewitz-Rezeption schlug einen anderen Weg ein als die des übrigen Westens. Bis heute hält sich hier eine in Ost wie West längst überwundene Trennung zwischen einer «militärischen» und einer «zivilen» Sicht. Die militärische Seite hat bislang Clausewitz eher als militärstrategischen Fachmann behandelt. Dies geschah allerdings aus den Erfahrungen von 1938 bis 1945 heraus im Bewußtsein, daß Clausewitz der damals ignorierte Lehrmeister der richtigen Verbindung von Zweck, Ziel und Mitteln sei (Günther Blumentritt, Franz Halder, Friedrich Ruge, Hans Speidel u. a.).[157] Trotz der inzwischen im Sinn Scharnhorsts verwissenschaftlichten Offiziersausbildung in der Bundeswehr kann von einer systematischen Übernahme der Clausewitzschen Konzeption nicht gesprochen werden.[158] Die «zivile» Sichtweise wiederum hatte, etwa bei Helmut Schmidt, Clausewitz gar als Gegenpol eines politisch definierten Strategiebegriffs betrachtet. Die Analyse geriet hier in Extreme, in denen ein «Clausewitz-Krieg» anderen, politisch reflektierten Konfliktbildern entgegengesetzt wurde.[159] Die monumental zu nennende Aufarbeitung von Clausewitz in Raymond Arons «Penser la guerre,

Clausewitz» hat der westlichen Forschung neue Perspektiven eröffnet – namentlich, weil Aron im Detail nachzuweisen bemüht ist, wie sehr die Begriffe von Clausewitz in das Bewußtsein der Akteure in der Ersten, Zweiten und Dritten Welt übergegangen sind, sei es im Sinne der Übereinstimmung, sei es im Konflikt oder in partieller Nutzung zentraler Konzepte. Hierdurch liefert das Studium von Clausewitz und das tiefere Verständnis seiner Begriffe zugleich Einblicke in die politischen und strategischen Orientierungsrahmen der Welt- und Großmächte unserer Zeit.[160] Durch die Arbeiten von Ernst Vollrath ist jetzt Clausewitz ideengeschichtlich präziser verankert, der Charakter des Werks als einer neuen Klugheitslehre, einer praktischen Philosophie, ist deutlicher geworden.[161] Die Studien von Panajotis Kondylis haben die Clausewitzsche Methodologie transparenter gemacht; insbesondere seine Analyse des Begriffs *absoluter Krieg* überwindet jene bislang noch verbreitete abstrakt-klassifizierende Auffassung, wonach *absoluter* und *wirklicher Krieg* sich bei Clausewitz wie «abstrakt» und «konkret» gegenüberständen. Die Flexibilität der Clausewitzschen Methode gegenüber je neu auftauchenden empirischen Erscheinungsformen wird durch Kondylis anerkannt und mithin für die Analyse aktueller Phänomene wirksam gemacht.[162]

Engels und Marx als Clausewitz-Leser

Der ungewöhnlich intensive Einfluß der dialektischen Philosophie Hegels auf die Begründer des Marxismus ist allgemein bekannt und unbestritten. Marx und Engels gebührt sicherlich das Verdienst, die Dialektik Hegels vor dem völligen Überwuchertwerden durch Neukantianismus und Positivismus bewahrt zu haben. Auch Lenin fertigte noch kurz vor seiner Einschleusung nach Rußland umfangreiche Auszüge aus der Hegelschen Logik an. Weniger bekannt ist jedoch, daß Engels, später auch Marx, sich nach Abschluß ihrer grundlegenden Studien an die Lektüre von Clausewitz machten. Wiederum folgte Lenin den beiden Denkern: Fast gleichzeitig mit seinen Hegel-Studien las er *Vom Kriege* und stellte ein umfangreiches Exzerptheft zusammen. Darauf soll weiter unten eingegangen werden.

Marx und Engels hatten nach eingehenden Studien im «Manifest der Kommunistischen Partei» von 1848 ihr erkenntnistheoretisches und zugleich politisches Programm zusammengefaßt. Sie zeichnen dort das Bild einer in zwei große Heerlager gespaltenen Welt, wobei zunächst die eine Seite, die internationale Bourgeoisie, dank der von ihr entfesselten Produktivkräfte die Weltherrschaft erlangt. Die Produktionsverhältnisse widersprechen aber zunehmend den vorwärtsdrängenden Produktivkräften. Der weltweite Konflikt zwischen den Lagern entfaltet sich bis zu dem Punkt, an dem die Krise in die Weltrevolution umschlägt. Dieser weltpolitische Konflikt samt damit einhergehender Gewalt erweist sich somit aus

Die letzte Barrikade. Ein Parlamentär beendet den Versuch der badischen Bürgerwehren, die Revolution von 1848 zu retten

der Sicht von Marx und Engels als förderlich für das revolutionäre Endziel.[163]

Nach den gescheiterten bewaffneten Aufständen von 1848/49 wuchs das Interesse von Marx und Engels an strategischen und militärischen Fragen. Engels hatte «die Gelegenheit, ein Stück Kriegsschule durchzumachen, nicht versäumen» wollen und an den Kämpfen im südwestdeutschen Raum im Sommer 1849 als Korrespondent der «Neuen Rheinischen Zeitung» teilgenommen.[164] Großen Raum nimmt in den 1850 veröffentlichten Artikeln über die deutsche Reichsverfassungskampagne die Schilderung des desolaten Zustands der badisch-pfälzischen Revolutionsarmee ein. Aber was ist der objektive Sinn dieser Niederlage der Aufständischen? Engels kommt zu dem Schluß, daß das Kleinbürgertum als Träger der Erhebung sich hierbei selbst erledigt habe, jetzt könne «nur die etwas konstitutionalisierte feudal-bürokratische Monarchie siegen oder die wirkliche Revolution»[165]. Objektiv sei die Lage nach dem gescheiterten bewaffneten Aufstand eindeutiger geworden. Die Reichsverfassungskampagne habe zur Entwicklung der Klassengegensätze in Deutschland bedeutend beigetragen. Marx hatte in ähnlicher Weise die Klassenkämpfe in Frankreich 1848 bis 1850 untersucht und aus deren Verlauf geschlossen, daß die vorrevolutionären Anhängsel nun beseitigt seien. Er kommt zu dem nur scheinbar paradoxen Ergebnis, daß «in der Erzeugung einer geschlossenen, mächtigen Konterrevolution, in der Erzeugung eines Gegners, durch dessen Bekämpfung erst die Umsturzpartei zu einer wirklich revolutionären Partei heranreifte», der revolutionäre Fortschritt zu sehen sei. [166]

Die gescheiterten Aufstände der Jahre 1848 und 1849 hatten also aus dieser Sicht die Konsequenz, die zuvor zersplitterten gesellschaftlichen Konflikte in größere Konfrontationen zu verwandeln. Wenn dank fortschreitender Industrialisierung erst die sozialen und ökonomischen Bedingungen herangereift seien, würden sich die aufgestauten Haß- und Rachegefühle der diesmal noch unterlegenen Proletarier in den bewaffneten,

Friedrich Engels
(1820–95).
Fotografie, um 1845

Karl Marx (1818–83). Fotografie, 1848/49

militärischen Aufstand ummünzen. Engels sucht nun zu erklären, ob dann immer noch die Konterrevolution siegreich bleiben würde oder ob das bewaffnete Proletariat eine Chance habe. Aus der Analyse der Französischen Revolution und ihrer politisch-militärischen Erscheinungsformen folgerte Engels, daß die neuen gesellschaftlichen Verhältnisse einer Revolution auch eine neue Kriegführung hervorbrächten. Dieser neuen revolutionären Kriegführung mit ihren beweglichen Massenheeren seien Armeen und Methoden der Kriegführung des Ancien régime in keiner Weise gewachsen. Eine proletarische Revolution würde eine vergleichbare Revolutionierung der Kriegführung hervorrufen, der die aus den alten gesellschaftlichen Verhältnissen heraus entstandenen militärischen Gegner zwangsläufig unterliegen würden.[167]

Für Engels wird immer offensichtlicher, daß innerhalb der ohnedies für die Revolution förderlichen weltweiten Konflikte dem direkt geplanten und gut organisierten bewaffneten Aufstand eine besonders wichtige Funktion zukomme. Der militärstrategisch organisierte Aufstand vermag den revolutionären Prozeß außerordentlich zu beschleunigen. Das negative Beispiel der eben gescheiterten Erhebung vor Augen fordert Engels allerdings, daß der bewaffnete Aufstand als eine Kunst aufgefaßt wird, «eine Kunst, genau wie der Krieg oder irgendeine andere Kunst, und gewissen Regeln unterworfen».

Ganz im Sinn der erstmals von Clausewitz entdeckten, sich gegen wissenschaftliche Pseudoexaktheit wendenden Regeln folgert Engels: «Der Aufstand ist eine Rechnung mit höchst unbestimmten Größen, deren Werte sich jeden Tag ändern können.»[168]

Friedrich Engels hat hier als erster auf das dialektische Verhältnis von Revolution und Krieg hingewiesen. In der Folge entwickelte er sich zum führenden Militärtheoretiker des wissenschaftlichen Sozialismus, dessen Auffassungen noch die sowjetische Strategielehre unserer Zeit beeinflussen und dessen Tiefenwirkung auch an den von Mao geprägten Strategien der Dritten Welt aufweisbar sind. Zielstrebig nahm er das Studium der Militärwissenschaften auf: Von Joseph Weydemeyer, einem ehemaligen Offizier und Teilnehmer an den Aufständen, erbat er Auskünfte über Willisen, Clausewitz und Jomini. Knapp zwei Jahre später, 1853, berichtet er seinem militärischen Gewährsmann über erste Studienerfolge. Dabei beurteilt er den damals einflußreichen Strategieexperten Jomini wesentlich positiver als Clausewitz, dessen «Naturgenie» ihm «trotz mancher hübscher Sachen nicht recht zusagen» will.[169] Engels hatte sich allerdings zunächst mit den historischen Arbeiten von Clausewitz befaßt, aus einem handfesten politischen Grund: Marx und Engels fragten sich nach den Aussichten eines revolutionären Kriegs gegen die konterrevolutionäre Hauptmacht der Heiligen Allianz, also gegen Rußland. Der Feldzug von 1812, dem Clausewitz eine eigene Studie widmete, war deshalb für sie von besonderem Interesse. Wenige Jahre später allerdings liegen Jomini und Clausewitz für Engels auf gleicher Ebene.[170] Dies mag verwundern, weil Engels in seinem Denken Clausewitz bereits viel näher stand, als er sich mit Jomini zu beschäftigen begann. Der Schweizer Militärexperte, ein intimer Kenner der napoleonischen Kriegführung und noch ein Zeitgenosse von Engels, dachte völlig undialektisch: Die Fülle seiner Fallstudien zu den französischen Revolutionskriegen suchte er in starren, zeitlosen Prinzipien und Maximen zu verallgemeinern. Genau diese Methodensucht hatte Clausewitz mit Blick auf Bülow, Jomini und andere damals herrschende Strategietheoretiker verurteilt: *Alle diese Theorieversuche sind ... in ihren Vorschriften und Regeln, ganz unbrauchbar. Sie streben nach bestimmten Größen, während im Kriege alles unbestimmt ist und der Kalkül mit lauter veränderlichen Größen gemacht werden mußte.*[171] Es gilt heute zwar als gesichert, daß Engels zum Zeitpunkt seines oben wiedergegebenen Zitats über die Kunst des bewaffneten Aufstands Clausewitz zumindest noch nicht eingehend studiert hatte. Um so mehr verblüfft die fast wörtliche Übereinstimmung, die keineswegs nur auf der Oberfläche der Sprache besteht, sondern die – wie der gesamte Aufsatz von Engels beweist – in die Tiefe der dialektisch-historischen Sichtweise beider Denker reicht.[172] Erst rund zwei Jahre nach dem Studium der historischen Schriften, im Winter 1857/58, begann Engels mit der Lektüre der ersten drei Bände der «Hinterlassenen Werke» von Clausewitz. Anfang Januar 1858 berichtet er Marx davon: «Ich lese jetzt u. a. Clausewitz, *Vom Kriege*. Sonderbare Art zu philosophieren, der Sache nach aber sehr gut. Auf die Frage, ob es Kriegskunst oder Kriegswissenschaft heißen müsse, lautet die Antwort, daß der Krieg am meisten dem Handel gleiche.»[173] Engels bezieht sich hier auf die wichtige Stelle in *Vom Kriege*, wo Clausewitz den Krieg *in das Gebiet des gesellschaftlichen Lebens* stellt und in die nächste Nähe der Politik rückt, *die ihrerseits wieder als eine Art Handel in größerem Maßstabe angesehen werden kann.*[174] Der sich daran anschließende Satz weist bereits in die spätere Richtung der sozialistischen Kriegstheorie; er kann bis zum heutigen Zeitpunkt geradezu als Prämisse der Militärdoktrin der sozialistischen Staaten verstanden werden: *Außerdem ist die Politik der Schoß, in welchem sich der Krieg entwickelt; in ihr liegen die Lineamente desselben schon verborgen angedeutet wie die Eigenschaften der lebenden Geschöpfe in ihren Keimen.*[175]

Marx antwortet wenige Tage später, daß er den Clausewitz bei «Gelegenheit des Blücher etwas im allgemeinen durchstöbert» habe. Er lobt hierbei den «common sense» des preußischen Denkers.[176] Die Erwähnung des Feldmarschalls Blücher bezieht sich auf einen gemeinsam mit Engels für die «New American Cyclopaedia» verfaßten Beitrag. Man könnte angesichts solcher eher beiläufig klingenden Zitate aus dem Briefwechsel annehmen, es handle sich bei Engels und Marx doch eher um eine flüchtige Lektüre. In der westlichen Forschung wird jedoch darauf hingewiesen, daß – so Ulrich Marwedel – zahlreiche Zitate, die beide seinen Werken entlehnten, für ein eingehendes Studium von Clausewitz durch Marx und Engels sprechen.[177] Diese Zitate entstammen überwiegend den historischen Studien von Clausewitz. Sie verleiteten die Forschung teilweise zu falschen Schlüssen. So wurde behauptet, daß die Richtung der theoretischen Arbeit von Clausewitz nur selten mit der von Marx und Engels übereinstimme – und man verweist, so Clemente Ancona, auf das hier eher historische Interesse bei Engels im Gegensatz zum philosophischen bei Clausewitz. Während Engels hauptsächlich am Verhältnis von wirtschaftlicher Entwicklung und Waffen- bzw. Kriegstechnik interessiert gewesen sei, habe sich Clausewitz hingegen um eine geschlossene Kriegstheorie bemüht, die Aufschlüsse über die Prinzipien und allgemeinen Gesetzmäßigkeiten des bewaffneten Konflikts liefern sollte.[178] Diese Gegenüberstellung bedarf keines weiteren Kommentars:

Weder war Engels nur historisch interessiert noch wollte Clausewitz eine geschlossene Theorie mit Prinzipien und Gesetzmäßigkeiten aufstellen. Eigentümlich an beiden Denkern ist gerade der unauflösbare Zusammenhang von – wie es Clausewitz nannte – Untersuchung und Beobachtung bzw. von philosophischer und historischer Methode.

Weitgehende Übereinstimmung herrscht jedoch darüber, daß im Winter 1857/58 Marx und Engels «sich der dialektischen Qualität des Denkens und der Methode Clausewitz' bewußt» wurden. Umstritten ist aber, ob die Clausewitzsche Konzeption direkt übernommen wurde oder «ob sie eine unmittelbare Folge der Entfaltung einer bestimmten Weise der historisch-dialektischen Arbeit war, die von Marx und Engels zur Zeit ihrer Untersuchung der militärischen Erscheinungsformen betrieben wurde»[179]. Auf der anderen Seite lassen sich doch auch direkte Übernahmen nachweisen: Dies gilt einmal für die grundlegend bedeutsame dialektische Konzipierung des Verhältnisses von Angriff und Verteidigung. So hatte sich Marx in einem Brief an Engels über die verkehrte Sicht seines Bewunderers Ludwig Kugelmann lustig gemacht, der die passiven Formen der Kriegführung mit dem Defensivkrieg verwechselte: «Kugelmann verwechselt den Verteidigungskrieg mit defensiven Kriegsoperationen. Wenn mich also jemand auf der Straße angreift, soll ich den Angriff nur abwehren, ohne den Gesellen k. o. zu schlagen, denn mit einer solchen Tat würde ich zum Aggressor! Der want an Dialektik dieser Leute zeigt sich bei jedem Wort...»[180] Marx, der das englische Wort «want» hier im Sinn von «Fehlen» oder «Mangel» gebraucht, deutet damit an, daß Angriff und Verteidigung als Ganzes zu betrachten sind: Er hat richtig erkannt, daß Clausewitz diese Problematik ebenfalls dialektisch gelöst hat.

Weitere enge Bindeglieder zwischen Clausewitz und Marx/Engels sind in der Auswertung des neuzeitlichen Partisanenkriegs und in der Übernahme gerade des soziologischen Unterbaus des Kriegsbegriffs zu sehen.[181] Im Clausewitzschen Kriegskonzept fanden die beiden Denker eine zusätzliche Stütze ihrer eigenen Kriegstheorie. Weniger bekannt ist, daß auch Marx eigenständige Exkurse in Sachen Clausewitz und Militärwissenschaft betrieb. So verweist Werner Hahlweg auf einen Auszug aus dem siebten Band der «Hinterlassenen Werke», in dem Clausewitz eine strategische Kritik des Feldzugs von 1814 entwickelt. Dieser von Marx angefertigte Auszug habe «in meisterhafter Beschränkung auf das Wesentliche angezeigt, in wie hohem Maße Marx die kritischen Gedanken von Clausewitz im Kern erfaßte»[182]. Auch die Tatsache, daß Engels und Marx in ihren sehr eingehenden politischen und militärstrategischen Kommentaren zum italienischen Krieg von 1859 und zu weiteren möglichen bewaffneten Auseinandersetzungen im Europa nach den März-Aufständen 1848 mehrfach direkt auf Clausewitz zurückgreifen, zeigt die Nahtstellen zwischen den Denkern an.[183] Ein Zitat aus dem sechsten Buch von *Vom Kriege* belegt, wie sehr Engels die Clausewitzsche Sicht vom richtigen Verhältnis von Theorie und Praxis zusagt. Clausewitz hatte hier im Rahmen seiner Verteidigungskonzeption jene theoretischen Systemmacher kritisiert, ja verhöhnt, die im Verteidigungsfall eine bestimmte geographische Gegebenheit, den sie als sogenannten Schlüssel des Landes bezeichneten, für immer als diesen Schlüssel zum Erfolg festhielten: *Wenn man aber sagen könnte: wer die Gegend von Langres innehat, der besitzt oder beherrscht ganz Frankreich... das ist offenbar etwas Wunderbares; dazu reicht gemeiner Verstand nicht mehr hin, es ist die Magie geheimer Wissenschaft nötig.* Und Clausewitz erinnert an den Feldzug von 1814, *wo ein Heer von 200000 Mann sich am Narrenseil dieser Theorie durch die Schweiz nach Langres führen ließ.*[184] Engels geht ausführlich auf diese Stelle ein und fährt fort: «...was würde er erst zu Feldzugsplänen sagen, die den Hauptangriff gegen Paris durch Oberitalien und Savoyen oder gar Nizza dirigieren wollten?»[185]

Engels und offenbar auch Marx haben also die zu ihrer Zeit vorhandenen Erkenntnisse der Kriegsgeschichte, Militärwissenschaft und Militärpolitik nicht nur übernommen, sondern auch eigenständig ein- und umgearbeitet. Clausewitz nimmt hierbei einen wichtigen Platz ein; er ist möglicherweise wichtiger, als die bisherige Forschung einzuräumen bereit war. Fest steht auf jeden Fall, und hierin stimmen alle wichtigen Quellen überein, daß Marx und Engels im Gegensatz zu ihren militärischen Zeitgenossen sehr rasch den historisch-dialektischen Charakter der Clausewitzschen Konzeption erkannten und die frappierende Ähnlichkeit zu ihrem eigenen Ansatz begriffen. Gerade diese überraschende Nähe der doch auf den ersten Blick so grundverschiedenen Konzeptionen macht es für die Forschung so schwer, Einflüsse und Wirkungen oder eben nur die bemerkenswerte Nähe der Ansätze festzustellen. Damit eröffnet sich natürlich auch die Möglichkeit, unterschiedliche Interessen in die jeweilige Interpretation einfließen zu lassen. Dieses Problem muß uns noch kurz beschäftigen, bevor die nicht weniger schwierige Beziehung zwischen Lenin und Clausewitz dargestellt werden soll.

Auf den ersten Blick zeigt die Clausewitz-Forschung in Ost und West ein hohes Maß an Übereinstimmung. Beide Seiten anerkennen die wichtigen Beiträge von Engels und Marx zur Kriegstheorie und zur Militärwissenschaft. Die Marxisten-Leninisten bestreiten ihrerseits nicht, wie einflußreich die bürgerliche Militärwissenschaft für die Entwicklung ihrer eigenen Vorstellungen gewesen ist – doch entspringt diese Anerkennung der bekannten marxistisch-leninistischen Prämisse, daß man sich alle fortschrittlichen Teile des überkommenen geistigen Erbes anzueignen habe. Problematisch wird es erst dann, wenn man direkt auf Clausewitz eingehen muß – wenn dies überhaupt geschieht. So vermochten sich die Herausgeber der Werke von Marx und Engels nicht einmal dazu entschließen, die Rolle von Clausewitz beim Herausbilden eines dialektischen Verständnisses von politisch-gesellschaftlichen Umwälzungen einerseits und militärstrategischen und militär-technischen Formen andererseits wenigstens anzudeuten.[186] Dies hätte um so mehr geschehen müssen, als zumindest die oben skizzierte Beziehung von Marx und Engels zum Werk von Clausewitz allgemein bekannt ist. Zumindest eine Widerlegung entsprechender Thesen der «bürgerlichen» Forschung in dieser Hinsicht wäre nützlich, ja notwendig gewesen.

Auch die ansonsten vorzüglich edierte und in der DDR erschienene Ausgabe des Werks *Vom Kriege* geht auf die Beziehung von Marx und Engels zu Clausewitz nur im Stile von Anmerkungen ein.[187] Davon abgesehen charakterisieren die beiden Herausgeber, der als Bismarck-Biograph bekannt gewordene Ernst Engelberg und der auch politisch hervorgetretene ehemalige Wehrmacht-General Otto Korfes[188], sehr genau die Grundzüge des Werks. Sie heben hervor, daß es die Anwendung der dialektischen Methode auf die Erforschung des Kriegs ist, die den eigentlichen, revolutionären Wert der theoretischen Arbeit von Clausewitz ausmacht. Die insgesamt zurückhaltende Art, wie in der DDR etwaige Wirkungen von Clausewitz auf Engels und Marx eingeschätzt wurden, erklärt sich wohl vor allem durch das Bestreben, die Begründer des Marxismus-Leninismus als eigenständige Schöpfer der sozialistischen Lehre hinzustellen. Diese Absicht brachte der DDR-Militärhistoriker Heinz Helmert auf den Punkt: «Engels' seit 1851/52 datierende Auseinandersetzung mit der bürgerlichen Militärwissenschaft und dem militärtheoretischen Erbe ihrer größten Vertreter – Jomini und Clausewitz – [geschah] bereits anhand der von ihm geschaffenen selbständigen Militärtheorie des Proletariats.»[189] Als Ergebnis dieser Auseinandersetzung mit der bürgerlichen Militärtheorie, mit der Kritik ihrer reaktionären und der dialektischen Aufhebung ihrer fortschrittlichen Seiten habe Engels die proletarische Militärtheorie bereichert.

Franz Mehring als Vermittler?

Der schon erwähnte, eher originelle als präzise italienische Marxist Clemente Ancona wirft die interessante Frage auf, ob es neben den beiden Klassikern nicht Franz Mehring gewesen sei, der Lenin in seinem Denken über Krieg und Militär am stärksten beeinflußt habe. Der unter anderem durch seine «Lessing-Legende» bekannt gewordene links-sozialdemokratische Historiker und Literaturkritiker hatte sich in der Tat gründlicher als Marx und Engels mit der Einarbeitung der Clausewitzschen Theorie in den historischen Materialismus befaßt. Mehring war als leitender Redakteur der «Berliner Volkszeitung» 1890 gekündigt worden, «weil ich einen Akt sozialer Unterdrückung bekämpft hatte, den ein damaliger Literatursultan an einer wehrlosen Schauspielerin verübte». Die unfreiwillige Muße nutzte er unter anderem zur Lektüre von Marx, bei dem er lernte, «den Zusammenhang der Dinge tiefer als auf der Oberflä-

Franz Mehring (1846–1919)

che zu suchen»[190]. Der nunmehr zum Marxisten gewordene ehemalige Lassalleaner kommt über Marx an Clausewitz, dessen Methode er sich aneignet, um sowohl historische wie auch tagespolitische Studien zu betreiben. Wie Ancona hervorhebt, war Mehring wahrscheinlich der erste Marxist, der die Thesen von Clausewitz zum Verhältnis von Krieg und Politik und zur Natur des Kriegs klar herausgearbeitet und weiterentwickelt hat; und «er ist der erste, der Engels' These zum Zusammenhang von wirtschaftlicher Produktionsentwicklung und Entwicklung der daraus folgenden militärischen Potenz anerkannte. Mehring war es auch, der nach Engels und vor Lenin – besser als jeder andere – das Phänomen Krieg als ‹sekundären Widerspruch› von in Klassen gespaltenen Gesellschaften... zu definieren verstand. Dann entwickelte er in marxistischem Sinne Clausewitz' Verständnis der Begriffspaare Krieg–Politik und Angriff–Verteidigung weiter unter Betonung der dialektischen Beziehung...»[191]

Lenin und Clausewitz: eine brisante Begegnung

Als regelmäßiger Leser der sozialdemokratischen «Neuen Zeit» war Lenin sicherlich mit den kriegsgeschichtlichen und militärwissenschaftlichen Beiträgen Mehrings vertraut. Es erscheint deshalb plausibel, daß der

«Clausewitzismus» Lenins (Clemente Ancona) gerade über die Clausewitz und Marx/Engels verbindenden Studien Mehrings zumindest angeregt wurde. Die in diesem Sinn wichtigste Arbeit Mehrings erschien in der «Neuen Zeit» als Artikelfolge um die Jahreswende 1914/15. Lenin hat aller Wahrscheinlichkeit nach im ersten Halbjahr 1915 *Vom Kriege* im Schweizer Exil durchgearbeitet. Dies geschah in engem Zusammenhang mit seinen philosophischen Studien, bei denen er sich vornehmlich Hegel widmete. Der Autodidakt Lenin verschaffte sich diese philosophischen Grundlagen seines politischen Handelns ebenfalls im Selbststudium. In dieser Phase seiner Studien ging es ihm darum, die durch den Ausbruch des Ersten Weltkriegs völlig veränderte weltpolitische Konstellation neu zu beurteilen und mögliche Ansätze einer revolutionären Strategie zu erkunden. Aus diesem Interesse heraus ist der Berufsrevolutionär auf den preußischen General gestoßen. Den Weg zu Clausewitz fand Lenin zum einen über die Lektüre der Artikel Mehrings, vor allem aber über Friedrich Engels, als dessen Schüler er sich begriff (Jehuda Wallach). Lenin hatte den 1913 erstmals veröffentlichten Briefwechsel von Engels und Marx im selben Jahr rezensiert.[192] Auf «Engels' Vermittlung scheint auch die Tatsache hinzudeuten, daß Lenins Clausewitz-Auszüge die gleiche Stelle über das Verhältnis Krieg-Handel-Politik enthalten, die Engels in seinem bereits genannten Brief an Marx vom 7. Januar 1858 bespricht»[193]. Lenin benutzte die Erstausgabe des Werks aus den Jahren 1832 bis 1834, die er in der Stadt- und Hochschulbibliothek in Bern vorfand. Weil die Parteikasse keinen Fonds für den Ankauf von Büchern besaß, verwandte der «Schriftsteller» Uljanov viel Zeit darauf, sich die wichtigsten Passagen aus den betreffenden Werken abzuschreiben. Aus diesem Grund verfügt die Forschung heute über eine große Zahl von Exzerptheften Lenins, deren gründliche Analyse intime Einblicke gewissermaßen in die Werkstatt eines politischen Strategen von weltgeschichtlichem Format erlaubt. Interessanterweise las Lenin zur selben Zeit, beginnend im Herbst 1914, auch die Hauptwerke Hegels – die «Wissenschaft der Logik», die «Vorlesungen über die Geschichte der Philosophie», die «Vorlesungen über die Philosophie der Geschichte» u. a.[194] Er beschäftigte sich vor allem mit der Frage der Dialektik, die er unter den verschiedensten Aspekten untersuchte. Lenin begreift die Dialektik sowohl als methodischen Zugang zur Wirklichkeit wie auch als das Wesen der Wirklichkeit selbst. Ein noch vorhandener Gliederungsentwurf weist auf den Plan Lenins hin, selbst eine größere philosophische Arbeit über dieses Thema zu verfassen.[195] Das Clausewitz' *Vom Kriege* gewidmete Exzerptheft Lenins zeigt ein analoges Erkenntnisinteresse: Lenin hat vor allem die dialektischen Dimensionen bei Clausewitz erkannt und als übereinstimmend mit seinem eigenen Interesse gewertet. Der soeben entfesselte Krieg zwischen den imperialistischen Mächten weckte bei ihm die Frage, inwieweit die allgemeine Erkenntnis- und Seinslehre der Dialektik ihm auch in dieser

Wladimir I. Lenin (1870–1924), 1910

aktuellen Problematik ein Hilfsinstrument des Denkens u n d politischen Planens sein konnte.

Ein Blick in das Exzerptheft läßt die Schwerpunkte von Lenins Interesse deutlich hervortreten: Ihm geht es um das Verhältnis von Krieg und Politik, um die moralischen Größen, um die Dialektik von Angriff und Verteidigung. Er hat sich «kurz gesagt für alle Gedanken interessiert, die er entweder auf die politische Strategie anwenden oder dazu benutzen konnte, seine eigene politisch-militärische Strategie zu rechtfertigen»[196]. Wie Raymond Aron zusammenfassend feststellt, gehört das Clausewitz-Exzerptheft zur Gesamtheit der philosophischen Hefte Lenins; die Verweise auf Clausewitz datieren vom Frühjahr 1915; «sie mehren sich von diesem Zeitpunkt an und hören bis zur Machtübernahme und selbst während des Bürgerkriegs nicht auf. Die Schlußfolgerung kommt von selbst: Clausewitz' Denken... hat Lenin und den Marxisten-Leninisten von 1915 bis einschließlich heute als theoretischer Rahmen oder Rechtfertigungsideologie gedient.»[197]

Für seine Aufzeichnungen gebrauchte Lenin ein Schulheft. Die Auszüge schrieb er überwiegend in deutscher Sprache nieder, die er gleichermaßen in Wort und Schrift beherrschte. In seinen zahlreichen Randbemerkungen bevorzugte Lenin jedoch Russisch. An Hand dieser Aufzeichnungen läßt sich feststellen, daß Lenin sich am meisten mit dem dritten Band beschäftigte. Dieser enthält das siebte (*Der Angriff*) und das achte (*Kriegsplan*) Buch sowie den Anhang mit den Unterrichtsnotizen der Jahre 1810 bis 1812. Als «das wichtigste Kapitel» bezeichnet Lenin den Teil B. des sechsten Kapitels des achten Buchs. Hier faßt Clausewitz seine Analyse zusammen: *Der Krieg ist ein Instrument der Politik*. Clausewitz verweist nochmals eindringlich auf die unbedingte Vorherrschaft der Politik gegenüber dem Krieg und auf die E i n h e i t, «zu der sich die einander widersprechenden Elemente (Natur des Krieges, Interessen des Einzelmenschen wie der Gesellschaft) praktisch verbinden»[198]. Lenin bestätigt: «Diese Einheit nun ist der Begriff, daß der Krieg nur ein Teil des politischen Verkehrs ist, also durchaus nichts Selbständiges.» Er notiert sich ausführlich den Clausewitzschen Begriff von Politik – *Die Politik nur als Repräsentanten aller Interessen der ganzen Gesellschaft betrachten*[199] –, fügt hinzu: «N. B. Annäherung an den Marxismus» und bekräftigt nochmals: «Politik = Vertretung aller Interessen der ganzen Gesellschaft.»[200] Hierin zeigt sich, daß Lenins Auszüge genau auf den Kern dessen zielen, worauf es auch Clausewitz ankam: auf die Wesenserkenntnis der Politik, des Kriegs und der Kriegführung in ihren Beziehungen zueinander (Werner Hahlweg).

Für Lenin werden in erster Linie zwei Themen aus *Vom Kriege* p r a k - t i s c h bedeutsam im Hinblick auf seine Planung einer Revolution in Rußland: einmal die Erkenntnis, daß der Krieg lediglich ein Instrument der Politik ist, somit auch bei gegenteiligem Anschein immer diese Funktion behält, zum anderen das dialektische Verhältnis von Angriff und Verteidigung. Auch hier kann man davon ausgehen, daß Lenin die Beziehungen von Angriff und Verteidigung primär politisch deutete, sich allerdings der Abstufungen vom strategischen bis zum taktischen Bereich bewußt blieb. Die später sich entfaltenden Auffassungen der UdSSR zu Weltrevolution, friedlicher Koexistenz, gerechtem und ungerechtem Krieg und zum sozialistischen Internationalismus gehen auf die von Engels und Clausewitz entworfenen Grundmodelle zurück. Dies dokumentieren neben den Clausewitz-Auszügen Lenins sein «Militärprogramm der proletarischen Revolution» von 1916 und das im Spätherbst 1917 erlassene «Dekret über den Frieden». Das «Militärprogramm» enthält die Clausewitzsche Formel, «daß jeder Krieg nur die Fortsetzung der Politik mit anderen Mitteln ist»[201], und das Grundraster der sowjetischen Kriegs- und Konflikttypologie. Das Dekret wendet die Dialektik von Angriff und Verteidigung in einem gesamtstrategischen Sinn an, indem es auf der einen Aktionsebene (Staat, internationale Politik) defensiv, auf den anderen jedoch (Völker, Arbeiterklassen) offensiv argumentiert.

Mao, ein Clausewitz-Leser?

Bis in die jüngste Zeit hinein war umstritten, ob auch der Stratege des langdauernden Volkskriegs, Mao Tse-tung, ein Clausewitz-Leser war oder ob die teilweise verblüffenden Parallelen in den veröffentlichten Vorlesungstexten Maos zum Partisanen- und Volkskrieg nicht eher dadurch zu erklären seien, daß Mao über Engels und Lenin gleichsam indirekt auch zum Leser des Theoretikers der Volksbewaffnung und der dialektischen Einheit von Angriff und Verteidigung geworden war. Außerdem herrschte Übereinstimmung darüber, daß Mao auch ein originärer Stratege war: Ein folgerichtig strategisch denkender politischer Füh-

Mao Tse-tung (1893–1976) vor Hörern der militär-politischen Hochschule in Yenan, um 1940

rer mußte von der Logik der Sache her zu Einsichten wie Clausewitz gelangen. Clausewitz selbst war schließlich nicht anders vorgegangen. Lieferte Clausewitz mithin nicht nur der zweiten, sondern zumindest indirekt auch der dritten Welt das begriffliche Raster für deren politische und strategische Konzepte? Von den erreichbaren Quellen her hatte Raymond Aron den Stand des Wissens zusammengefaßt: «Ich weiß nicht, ob Mao Tse-tung Clausewitz gelesen oder studiert hat. Er zitiert die Formel und verweist auf Lenins Hefte von 1915 bis 1917... Der Beitrag Mao Tsetungs zur Synthese Clausewitz –Marx oder, anders ausgedrückt, zur Umwandlung des Clausewitzschen Denkens in eine revolutionäre Doktrin scheint mit ein zweifacher, zugleich politischer und militärischer... Das Schwanken, die gegenseitige Ergänzung der gegensätzlichen Begriffe, die Wahrheit auf höherer Ebene, die auf unterer Ebene zum Irrtum wird, diese ganze Clausewitzsche Dialektik erkennt nur der nicht in Mao Tsetung, der den deutschen Theoretiker nicht gelesen hat. Ich gehe sogar noch weiter. Von den beiden Clausewitzschen Themen, die Lenin festgehalten hatte – Krieg und Politik, Verteidigung und Angriff – bereichert Mao das zweite mehr als das erste... Er bereicherte das zweite, indem er die beiden Paare Verteidigung–Angriff, Strategie–Taktik mit den beiden anderen Paaren, äußere Linien–innere Linien, Partisanen–reguläre Armeen verbindet.» Aron bündelt noch einmal alle Thesen: «Der Clausewitzsche Begriff, der durch Lenins Übertragung in den Marxismus eingegangen ist, bestimmt die geschichtlich-politische Sicht von Mao Tse-tung, wenigstens bis zum Sieg 1949.»[202]

Weiter vermochte die Forschung nicht zu gelangen, weil ihr – anders als bei Lenin – schlichtweg die Quellen nicht zugänglich waren. Bis zum Ausgang der achtziger Jahre konnte nicht ermittelt werden, ob beispielsweise auch Mao sich Auszüge von Clausewitz anfertigte. So konnte lediglich festgehalten werden, daß Denkmethode und Begriffe bei Clausewitz und Mao sich in frappierender Weise glichen; doch die Erklärung dafür bot sich nur über Lenins Vermittlerrolle und über die Beobachtung, daß logisch denkende Strategen eben «clausewitzisch» vorgehen.

Erst seit 1989 verfügen wir über neue Erkenntnisse. Wie von Zhang Yuanlin an der Militärwissenschaftlichen Akademie in Beijing entdeckt wurde, besaß Mao wenigstens eine chinesische Version des Werks *Vom Kriege*. Die von Mao im Jahre 1938 angefertigten Lesenotizen belegen, «daß er vom März bis April 1938 ein Exemplar der chinesischen Ausgabe des Werks von Clausewitz *Vom Kriege* persönlich gelesen hat»[203]. Daß seit 1911 insgesamt dreizehn chinesische Ausgaben des Werks *Vom Kriege* erschienen, wobei in den achtziger Jahren mehrere Auflagen gedruckt wurden, weist auf die politische Interessenlage des Landes hin.[204] Hier öffnet sich der Erforschung des politischen und strategischen Denkens der Dritten Welt ein neuer Weg; auch angesichts dieser Entdeckungen sollten erneut die Theorie und Praxis des Vietnam-Kriegs analysiert werden.[205]

Neues sowjetisches Denken ohne Clausewitz?

Lenin hatte in seiner Schrift «Sozialismus und Krieg» bereits 1915 gleichsam kanonisch festgehalten, was bis heute als eine wesentliche Anschauung des Marxismus-Leninismus gilt: daß nämlich Clausewitz' Formel vom Krieg als der bloßen Fortsetzung der Politik mit anderen Mitteln «mit Recht stets als theoretische Grundlage» für die marxistische Auffassung von der Bedeutung eines jeden konkreten Kriegs gelten solle.[206] In den zwanziger und dreißiger Jahren hat wohl kein ausländischer Denker mehr Einfluß ausgeübt als Clausewitz (Raymond Garthoff). Für diesen Einfluß sind viele Quellen zu nennen. Durch Engels, Marx und Lenin war Clausewitz zu einem untrennbaren Bestandteil der offiziellen Lehre und Staatsdoktrin geworden. Auch der Kontakt zwischen Reichswehr und Roter Armee war von erheblicher Bedeutung: In den Jahren 1922 bis 1932 studierten sowjetische Stabsoffiziere in Berlin die von Seeckt und Beck geprägte und modernisierte deutsche Strategie- und Taktiklehre. Eine zentrale Vermittlerrolle für die höhere Stabsoffizierausbildung in der Sowjetunion spielte hierbei der spätere Marschall Boris Michajlowitsch Schaposchnikow. Als Generalstabschef der Roten Armee von 1937 bis 1942, zuvor unter anderem als Kommandeur und Kommissar der Frunse-Akademie, besaß der Clausewitzianer Schaposchnikow einzigartige Möglichkeiten, die gesamte spätere Militärelite der UdSSR in seinem Sinne auszubilden. Das Hauptwerk Schaposchnikows, «Hirn der Armee», stützt sich auf Clausewitz, Moltke und Lenin, um die Notwendigkeit eines einheitlichen Arbeitsorgans zur Führung der Streitkräfte theoretisch zu begründen.[207] In den dreißiger Jahren waren sowohl Stalin wie Molotow unter den Hörern Schaposchnikows an der Frunse-Militärakademie.[208] Molotow gehörte dem Redaktionskomitee an, das 1931 Lenins Anmerkungen zu *Vom Kriege* veröffentlichte, nachdem diese erstmals 1923 und dann wieder 1930 im offiziellen Parteiorgan «Prawda» abgedruckt worden waren. Lenins Kommentare waren also schon vor 1931 weithin bekannt. Stalin, der von der Effizienz des militärischen Führungsdenkens profitierte, distanzierte sich später von Clausewitz und dessen Einfluß. Um sich als einzigartiger Strategiedenker darzustellen, scheute er sich nicht, sowohl Engels wie auch Lenin als Militärwissenschaftler abzuwerten. So nimmt er 1947 in einem «Brief an den Genossen Razin», einen Militärhistoriker im Rang eines Oberst, dessen Frage «Sind die Leninschen Thesen über den Wert von Clausewitz veraltet?» zum Anlaß, Lenin jedes Verständnis für militärische Dinge abzusprechen. Stalin erklärt, daß es «lächerlich ist, jetzt von Clausewitz Lehren anzunehmen»[209]. Nach Stalins Tod 1953 veränderten sich die Gewichtungen wieder, denn ungeachtet der demonstrativen Gesten, die auf der obersten Führungsebene gegen Clausewitz produziert wurden, lebte die von Schaposchnikow und vielen anderen verbreitete Lehre weiter. Diese

Josef Stalin (1879–1953). Fotografie von James Abbe, 1932

Doppelbödigkeit von offizieller, veröffentlichter Meinung und davon oftmals abweichender, verdeckter Fachdebatte und Lehre stellte eine realsozialistische Besonderheit dar, die sich in der Sowjetunion unter den Bedingungen einer reduzierten Öffentlichkeit entwickelt hat.

Möglicherweise erklärt sich so das Phänomen einer deklaratorischen Clausewitz-Verleugnung durch die Führung und einer tatsächlichen Weiterbefolgung seiner Theorie auf den fachlichen Ebenen. Ein analoger Vorgang war ganz allgemein in der heute von der Führung der Sowjetunion als «Stagnationsphase» und «Sünde» beurteilten Breschnew-Periode der Fall: der tatsächliche Machtzuwachs der Sowjetunion und ihr weltpolitischer Expansionismus wurden öffentlich geleugnet, während zu gleicher Zeit in den Fachzeitschriften und internen Fachdebatten vergleichsweise offen und realistisch argumentiert wurde.[210] Könnte dieses Verhaltensmuster, wenn auch unter gewandelten Rahmenbedingungen, erklären, warum unter Michail S. Gorbatschow Clausewitz erneut abgelehnt wird? So schreibt Gorbatschow in seinem besonders im Westen verbreiteten Perestroika-Buch: «Im Verlauf von Jahrhunderten, ja sogar Jahrtausenden hat sich eine bestimmte Art des Denkens und Handelns geformt, die auf der Anwendung von Gewalt in der Weltpolitik beruht. Solches Denken und Handeln scheint fest verwurzelt und unerschütterlich. Heute aber läßt es sich nicht mehr vernünftig rechtfertigen. Clause-

Michail S. Gorbatschow
(geb. 1931)
vor Delegierten des
Lenin-Komsomol,
10. April 1990

witz' Diktum vom Krieg als der Fortsetzung der Politik mit anderen Mitteln, zu seiner Zeit ein Klassiker, ist heute hoffnungslos veraltet. Es gehört jetzt in die Bibliotheken.»[211] Wenn dem so ist, warum propagiert Gorbatschow in derselben Quelle die «Rückbesinnung auf Lenin als eine ideologische Quelle der Perestroika», warum sind für ihn die «Werke Lenins und seine sozialistischen Ideale... eine unerschöpfliche Quelle kreativen dialektischen Denkens...»[212]? Genau diese Eigenschaft der Clausewitzschen Methode hatte Lenin dazu gebracht, Clausewitz in den unveräußerlichen Bestand des Marxismus-Leninismus aufzunehmen. Wird hier also ein Stück Leninismus herausgebrochen? Und wie sieht es mit der gesamten sowjetischen Strategie- und Militärwissenschaft aus, wenn sie – entgegen der Praxis in den Jahren seit Stalins Tod – Clausewitz auszuklammern hat? Die sowjetische Strategie- und Militärwissenschaft hat darauf bestanden, daß auch im Nuklearkrieg, der ohnedies nur von einem imperialistischen Provokateur entfesselt werden würde, das Wesen des Kriegs sich nicht ändern könne, er bliebe die Fortsetzung der Politik.

Unter Rückgriff auf Lenins Exzerpte aus der Logik Hegels hielt vor der Gorbatschow-Periode ein Kollektiv von Militärwissenschaftlern fest, daß die von Lenin betonte «dialektische Natur des Wesens» in vollem Umfang auch für das Wesen des Kriegs gelte. «In allen Kriegen gibt es einen stabilen, gesetzmäßigen Zusammenhang zwischen der Politik der Klassen und Staaten und der spezifischen Form ihrer Realisierung mit den Mitteln des bewaffneten Kampfes. Dieser wesentliche Zusammenhang erfaßt als Gesetz alle Kriege... Ein möglicher Weltkrieg mit Kernwaffeneinsatz geht ebenfalls unbedingt in die Wirkungssphäre dieses Gesetzes ein.»[213] Diese Wesensfrage wird sorgfältig von einer ganz anderen unterschieden: von der Frage nach den Folgen des Kernwaffeneinsatzes und der entsprechenden aktiven wie passiven Gegenmaßnahmen.

In der DDR wurde diese Auffassung unterstützt. Geltende Lehre an der Militärakademie Friedrich Engels in Dresden war es, die westliche Seite vor allem deshalb zu kritisieren, weil sie die Frage nach dem Wesen des Kernwaffenkriegs mit derjenigen nach den – katastrophalen – Folgen vermische. Genau die Lenin-Clausewitzsche Formel wiederholend, wurde auch ein Kernwaffenkrieg seinem Wesen nach als die «Fortsetzung der menschenfeindlichen... Politik des Imperialismus mit gewaltsamen Mitteln» definiert.[214] Das bürgerliche Denken jedoch verwechsle in dieser Frage Wesen und Ausgang des Kriegs. Bestimmend für das Wesen seien aber stets die dem Krieg zugrunde liegenden sozialen Ursachen. Hinsichtlich des Ausgangs eines solchen entfesselten Nuklearkriegs wurde argumentiert: «In welchen Grenzen die Zerstörungen gehalten werden könnten, hinge dann entscheidend von der Fähigkeit der Streitkräfte des Warschauer Vertrages ab, den imperialistischen Aggressor unter Ausnutzung aller Vorzüge des Sozialismus... rasch und vernichtend zu schlagen.»[215] Wie stellt sich nun diese bis in die Anfänge der Ära Gorbatschow für den realen Sozialismus auch öffentlich als gültig erklärte Position in jüngsten Veröffentlichungen dar?

Es überrascht hier zunächst, daß sogar in Publikationen Clausewitz wieder bejaht wird, die sich ausdrücklich an eine englischsprachige internationale Öffentlichkeit wenden: So weist der sowjetische Gesellschaftswissenschaftler Andrej Kokoshin darauf hin, daß die aktuelle sowjetische Strategiedebatte weit unter dem Niveau der vergleichbaren Debatte in den zwanziger und dreißiger Jahren verliefe. Indem er die verdrängten Erkenntnisse des damals prominenten Militärwissenschaftlers Alexander Swetschin – namentlich über die Dialektik von Angriff und Verteidigung – erneut präsentiert, bringt er Clausewitz wieder direkt ins Gespräch. Denn Swetschin hatte erklärt, daß «Clausewitz die Verteidigung als die stärkere Form der Kriegführung verstanden habe, zu welcher die materiell schwächere Seite greifen muß»[216]. Swetschin habe unbeirrt Verteidigung und Angriff in ihrer dialektischen Einheit behandelt und für das Konzept des strategischen Gegenangriffs plädiert. Denn, so Swetschin:

«Der ganze Verlauf des Ersten Weltkriegs bestätigte vollständig die Richtigkeit dieser Sichtweisen von Clausewitz.»[217] Kokoshin verbindet dieses Votum für strategische Verteidigung mit dem Verweis auf die Beschlüsse des Warschauer Pakts vom Mai 1987 und entsprechende Änderungen der sowjetischen Militärdoktrin, wonach erstmals seit den zwanziger Jahren der Vorrang der Verteidigung vor dem Angriff festgehalten worden sei.

Auf der Linie dieser Argumentation liegt auch die sowjetische militärwissenschaftliche Debatte am Ausgang der achtziger Jahre, in der ebenfalls mit Nachdruck auf den dialektischen Charakter des Verteidigungsbegriffs, das heißt auf den unauflöslichen Zusammenhang von Defensive und entscheidungssuchender Gegenoffensive hingewiesen wird.[218] In einer zusammenfassenden Analyse des Bundesinstituts für ostwissenschaftliche und internationale Studien wird davon ausgegangen, daß die bisherigen amtlichen sowjetischen Ausführungen den Schluß zulassen, «daß die Clausewitz-These, der Krieg sei als ein Instrument der Politik zu behandeln, lediglich unter den Bedingungen des Nuklearzeitalters, d. h. im Blick auf die nukleare Abschreckung, als nicht mehr anwendbar gilt. Sie wurde demzufolge zwar relativiert, aber keineswegs völlig ausgegrenzt oder gar aus der ideologischen Programmatik genommen. Bräche aber ein Nuklearkrieg irrationalerweise doch aus, so wäre er aber weiterhin als Fortsetzung der Politik mit anderen Mitteln – im Sinne einer Faktenfeststellung – zu werten.»[219] Außerhalb des Wirkungsbereichs der nuklearen Abschreckung behält die sowjetische Doktrin ihre Gültigkeit, wobei neuerdings – wie dargestellt – auch auf der Ebene ‹unterhalb› der politisch-strategischen Führung über den Vorrang des Verteidigungskonzepts im Sinne der Dialektik von Lenin und Clausewitz nachgedacht wird. Hier ist zu differenzieren: Gerhard Wettig zufolge ist nach der herrschenden Lehre in der Sowjetunion ein Nuklearkrieg zwischen Ost und West nicht instrumentierbar, «aber sollte er gleichwohl als der irrationale Krieg ausbrechen, als den ihn Gorbatschow charakterisiert hat, dann wäre er als faktischer – wenn auch höchst irrationaler – Ausdruck der ‹imperialistischen Klassenpolitik› gegenüber dem Sozialismus zu qualifizieren»[220].

Bei dieser sehr komplizierten und keineswegs abgeschlossenen Debatte lassen sich vielleicht drei Ebenen oder Dimensionen unterscheiden:
– Einerseits geht es um eine reine Faktenfeststellung, das heißt um eine Analyse von politisch-strategischen Seinsbeziehungen im Sinn des Lenin-Clausewitzschen Denkens. Hier wird eindeutig für beide Kriegsarten, den nuklearen wie den konventionellen, der reine Tatbestand im oben diskutierten Sinne festgehalten. Die Formel gilt mithin.
– Andererseits wird das Problem der Instrumentierbarkeit diskutiert, das heißt der Krieg als politisch-strategischer Zweck. Hier kann der Krieg zwischen Ost und West (als Nuklearkrieg) kein Mittel mehr sein.

– Unter normativen Gesichtspunkten schließlich ist strategische Verteidigung (Gegenschlag oder eine Abfolge von Defensiv-Offensiv-
Aktionen) in beiden – aufgezwungenen – Kriegsarten gerechtfertigt.

Perspektiven

Die Debatte in Ost und West wie in der Dritten Welt hält also an, neue
Erscheinungsformen des Kriegs und veränderte Militärtechnologien werden die Analyse vor immer komplexere Anforderungen stellen. Es scheint
deshalb kein Zufall, sondern vielmehr systematische Notwendigkeit zu
sein, wenn ein politischer Denker wie Carl von Clausewitz gerade jetzt
wieder weltweit beachtet wird. Der «alte» Clausewitz, der Vernichtungs-
apostel und deutsche metaphysische Nebelerzeuger, verblaßt immer mehr
– das Clausewitz-Bild zeigt nun zunehmend die Umrisse eines rationalen
Denkers, dessen Methode allgemein anerkannt wird und deshalb auch zu
einem ganz neuartigen Verständigungsmittel zwischen unterschiedlichen
Gesellschaftssystemen genutzt werden kann. Es klingt versöhnlich und
ganz im Sinn dieses systemübergreifenden Verständnisses von Clausewitz,
wenn etwa von marxistisch-leninistischer Seite (André Türpe) das Bild
dieses Denkers folgendermaßen skizziert wurde: «Zweifellos handelt es
sich bei Clausewitz nicht um einen Philosophen des Friedens; auch können
wir bei ihm keinen atemberaubenden Friedensentwurf für unsere Zeit
entdecken. Aber, und dies scheint mir in seiner Bedeutung die Zeiten
überdauern zu können, Clausewitz war ein Repräsentant der Ratio, des
konsequent Logischen, des Realismus und schließlich der politischen Vernunft. Seine Grundgedanken und theoretischen Entwürfe in unserer Zeit
richtig gelesen und in ihren Dimensionen tiefgründig verstanden, sind in
ihrer Wirkung unbedingt friedensfördernd. Sie können und werden, da sie
mit dazu beitragen, das ganze schreckliche Wesen eines eventuellen Kern-
waffenkrieges zu entschleiern und zu begreifen, für die Kräfte des Friedens
und der Vernunft von großem aufklärerischem Nutzen sein. Sie können
einem Denken zum Durchbruch verhelfen, das sich dem tiefen humanisti-
schen Anliegen verpflichtet fühlt: Der Frieden ist das Meisterstück der
Vernunft!»[221]
In der DDR hatte sich in sicherheitspolitischen Fachpublikationen noch
vor der Wende eine Angleichung an die Gorbatschow-Linie vollzogen –
eine erstaunliche Tendenz, wenn man die allgemeine Haltung des Sy-
stems gegenüber dem sowjetischen Kurs bedenkt. In dieser sicherheits-
und militärpolitischen Fachdebatte überbot man sogar stellenweise noch
die Gorbatschow-Argumentation: Auch in der Dritten Welt seien konventionelle Kriege wegen der Eskalationsgefahr kein Mittel der Politik
mehr, ja, sogar das seit Lenin klar entschiedene Problem gerechter und
ungerechter Kriege wurde neu aufgeworfen.[222] Im Rückblick stellten

Militärwissenschaftler der ehemaligen DDR fest, daß Clausewitz in der poststalinistischen Atmosphäre der DDR verfälscht und faktisch negiert worden war. Man hatte der Linie zu folgen, die von Stalin vorgezeichnet worden war und sich bis in die auf Überlegenheit und Sieg fixierte Militärdoktrin der UdSSR fortsetzte. Erst allmählich hatte man sich in zunächst rein akademischer Arbeit und abgeschirmter Diskussion das Gesamtwerk von Clausewitz angeeignet. In einer sich vornehmlich innerhalb der höheren Offizierskader der Volksarmee abspielenden, immer schärfer werdenden Debatte wurde das Verhältnis zu Clausewitz schließlich entscheidend dafür, ob man noch spätstalinistische oder aber fortschrittlichere Positionen bezog: «Clausewitz' Theorie des Krieges und kriegswissenschaftliche Erkenntnismethode wurde zum Schlüssel für die Umwälzung, die sich in den achtziger Jahren im Denken über Krieg und Frieden... in der DDR vollzog... In einem scharfen geistigen Kampf konnten, wenn auch in abgeschwächter Form, die schrittweise errungenen Erkenntnisse der kritischen Selbstüberprüfung... in das geistige Leben des Landes und der Armee eingebracht werden... Clausewitz wurde dergestalt Mentor des Umbruchs zum neuen Denken über Krieg und Frieden in der DDR.»[223]

Am Beginn der neunziger Jahre sind die geistigen Positionen diesseits und jenseits der ehemaligen, weltenteilenden Demarkationslinie wohl nur noch in Detailfragen voneinander unterscheidbar. Clausewitz' Erkenntnismethode wird zur gemeinsamen Grundlage des auf die künftigen internationalen Sicherheitsprobleme gerichteten Denkens. Wie jetzt angesichts neuer regionaler Krisen und bewaffneter Auseinandersetzungen sichtbar wird, beginnt sich Clausewitzsches Vokabular bis in die Sprache der Massenmedien hinein auszuwirken[224] – sicherlich ein Vulgarisierungsaspekt, der jedoch ohne jene weltweit immer intensivere Rezeption Clausewitzscher Begriffe und Konzeptionen nicht zustande gekommen wäre.[225] Alles in allem kann deshalb heute davon gesprochen werden, daß die zeitbedingte und von besonderen Erkenntnisinteressen getrübte Rezeption des Werks von Clausewitz weitgehend überwunden ist – nach rund 150 Jahren erst ist die Fachdebatte übereinstimmend an jenem Punkt angelangt, den der auch hierin weitsichtige Denker bereits als den entscheidenden markiert hatte. Die selbstgestellte Frage, worin wohl der bleibende Ertrag seines Werks liegen würde, hatte er schon zutreffend beantwortet: *Nicht was wir gedacht haben, halten wir für einen Verdienst um die Theorie, sondern die Art, wie wir es gedacht haben.*[226]

Anmerkungen

1 Soweit nicht anders angegeben, zitiere ich alle Briefe von Carl an Marie von Clausewitz nach der Ausgabe: Karl und Marie von Clausewitz. Ein Lebensbild in Briefen und Tagebuchblättern. Hg. und eingel. von Karl Linnebach, Berlin o. J. [1916], zitiert als KMC. Um den Anmerkungsteil zu entlasten sind bei den im Text zitierten Briefen von Clausewitz jeweils die Datierungen angegeben, so daß die Briefe in KMC leicht aufgefunden werden können.
Das Werk *Vom Kriege* wird nach der folgenden Ausgabe zitiert: Carl von Clausewitz: Vom Kriege. Mit historisch-kritischer Würdigung von Prof. Dr. Werner Hahlweg, Bonn [19]1980.

2 K. Hilbert: Ergänzungen zum Lebensbild des Generals Carl von Clausewitz. In: Militärgeschichte 1981, S. 208–213, zit. n. F. Doepner: Die Familie des Kriegsphilosophen Carl von Clausewitz. Sonderdruck aus: Der Herold 30, Jg. 1987, H. 3, S. 65

3 Doepner: Die Familie, S. 65

4 K. Demeter: Das Deutsche Offizierskorps in Gesellschaft und Staat 1650–1945. Frankfurt 1963, S. 3

5 P. Paret: Clausewitz and the State, Oxford 1976, S. 13

6 Ebenda

7 Doepner: Die Familie, S. 65

8 Paret: Clausewitz, S. 16f; H. Rothfels: Carl von Clausewitz, Bonn 1980, S. 4ff

9 Doepner: Die Familie, S. 61

10 Paret: Clausewitz, S. 18

11 K. v. Priesdorff: Soldatisches Führertum. Zit. n. Paret: Clausewitz, S. 19

12 Demeter: Das Deutsche Offizierskorps, S. 71

13 Rothfels: Clausewitz, S. 38f

14 H. Gollwitzer: Geschichte des weltpolitischen Denkens. Bd. I. Göttingen 1972, S. 212

15 W. v. Schramm: Clausewitz. München 1982, S. 51ff

16 Vom Kriege VIII 3 B., S. 970f

17 Vom Kriege VI 1, S. 613f

18 Paret: Clausewitz, S. 30ff, sowie P. Paret: York and the Era of Prussian Reform 1807–1815. Princeton 1966, S. 63ff

19 Paret: York, S. 64f

20 Brief vom 3.7.1807. In: KMC, S. 128

21 W. v. Schramm: Clausewitz, S. 63f

22 Brief vom 3.7.1807. In: KMC, S. 128

23 R. Koselleck: Kritik und Krise. Frankfurt a. M. 1979, S. 63f

24 Brief vom 21.5.1809. In: KMC, S. 234

25 W. Hahlweg: Carl von Clausewitz. Göttingen 1969, S. 15

26 Paret: Clausewitz, S. 69; Hahlweg: Clausewitz, S. 17f

27 Hahlweg: Clausewitz, S. 16f

28 Siehe S. 79: «Vom Kriege»: Die Entstehungsgeschichte

29 Hahlweg: Clausewitz, S. 15

30 Rothfels: Clausewitz, S. 26

31 Nach W. v. Schramm: Clausewitz, S. 76f

32 Ebenda, S. 79
33 Ebenda, S. 81 f
34 Rothfels: Clausewitz, S. 27
35 Carl von Clausewitz: Historische Briefe über die großen Kriegsereignisse im Oktober 1806. Hg. von J. Niemeyer. Bonn 1977, S. 15
36 Ebenda, S. 20
37 Ebenda, S. 60, 68
38 Zit. n. v. Schramm: Clausewitz, S. 126
39 Rothfels: Clausewitz, S. 103
40 Hierzu P. Bertaux: Hölderlin und die Französische Revolution. Frankfurt a. M. 1969
41 Der Brief ist mit «April 1808» datiert, das nächste Schreiben folgt am 10. April 1808
42 W. Hahlweg in: W. Hahlweg, Carl von Clausewitz. Schriften – Aufsätze – Studien – Briefe. Göttingen 1966, S. 92
43 W. Hahlweg: Clausewitz, S. 32; die Dienstkorrespondenz ist dokumentiert bei Hahlweg (Hg.): Clausewitz. Schriften, S. 90 ff
44 W. v. Schramm: Clausewitz, S. 230
45 Rosinski: Die deutsche Armee, S. 69
46 Ebenda, S. 70
47 Clausewitz: Schriften, S. 688 ff
48 Ebenda, S. 681 ff
49 Clausewitz: Der russische Feldzug von 1812. Stuttgart o. J., S. 16 ff
50 Ebenda, S. 19
51 Ebenda, S. 30
52 W. v. Schramm: Clausewitz, S. 464, mit Verweis auf E. Wedel: 1812. Wiesbaden 1961
53 Clausewitz: Der russische Feldzug, S. 69
54 Ebenda, S. 82
55 Ebenda, S. 85
56 Ebenda, S. 108
57 Ebenda, S. 111
58 Ebenda, S. 125 f
59 Ebenda, S. 130
60 Ebenda, S. 159
61 W. v. Schramm: Clausewitz, S. 315
62 Clausewitz: Der russische Feldzug, S. 182

63 Erstmals abgedruckt 1832 in der von Ranke herausgegebenen «Historisch-Politischen Zeitschrift». Vgl. Carl von Clausewitz: Verstreute kleine Schriften. Hg. v. W. Hahlweg. Osnabrück 1979, S. 205 ff
64 Hahlweg: Clausewitz, S. 51
65 Paret: Clausewitz, S. 260 ff
66 Zit. n. Hahlweg: Clausewitz, S. 53
67 Ebenda, S. 55
68 Rothfels: Clausewitz, S. 27 f
69 Hahlweg: Clausewitz, S. 61; K. Linnebach, in: KMC, S. 37
70 Brief vom 27. 6. 1831. In: KMC, S. 458 f
71 Brief vom 21. 9. 1831. In: KMC, S. 500
72 W. Hahlweg: Das Clausewitzbild einst und jetzt. In: Carl von Clausewitz Vom Kriege. Bonn [19]1980, S. 34 f
73 C. von Clausewitz: Strategie aus dem Jahre 1804... In: Clausewitz: Verstreute kleine Schriften, S. 1–61
74 Ebenda, S. 19
75 Ebenda, S. 19 f
76 Ebenda, S. 20
77 S. «Eine Clausewitz-Renaissance nach 1945?» (S. 114 f)
78 C. von Clausewitz: Strategie aus dem Jahre 1804, S. 20 f
79 Ebenda
80 Ebenda, S. 25
81 Ebenda, S. 29
82 Ebenda, S. 33
83 Ebenda, S. 35
84 Vom Kriege II 3, S. 303; Karl Marx, Friedrich Engels: Werke (MEW). Bd. 29. Berlin 1963, S. 252
85 Bemerkungen über die reine und angewandte Strategie des Herrn von Bülow..., in: Clausewitz, Verstreute kleine Schriften, S. 68
86 Ebenda, S. 77
87 Ebenda, S. 81
88 Ebenda, S. 73
89 Rothfels: Clausewitz, S. 56 f
90 G. v. Scharnhorst: Ausgewählte Schriften. Osnabrück 1983, S. 57

91 Strategie aus dem Jahre 1808, S. 46
92 Ebenda, S. 47
93 Ebenda, S. 46
94 Ebenda
95 Strategie aus dem Jahr 1809, S. 57
96 Clausewitz: Bemerkungen, S. 72 ff
97 Strategie aus dem Jahr 1809, S. 58
98 Ebenda, S. 61
99 Ein ungenannter Militär an Fichte... In: Clausewitz, Verstreute kleine Schriften, S. 161 f
100 Ebenda, S. 163 f
101 Clausewitz: Ein kunsttheoretisches Fragment. In: Clausewitz, Verstreute kleine Schriften, S. 150
102 E. Vollrath: Neue Wege der Klugheit. In: Zeitschrift für Politik 1 (1984), S. 63 f
103 Zit. n. Vom Kriege, S. 1241, Anm. 404
104 Ebenda
105 Ebenda, S. 1047
106 Ebenda, S. 1050
107 Ebenda, S. 1053 f
108 Ebenda, S. 1069
109 Ebenda, S. 1070
110 Ebenda, S. 1075
111 Ebenda, S. 1084
112 Hahlweg (Hg.): Clausewitz. Schriften, S. 38 f
113 Carl von Clausewitz: Précis de la guerre en Espagne et en Portugal. In: Hahlweg (Hg.), Clausewitz. Schriften, S. 599 ff
114 W. Hahlweg in: Clausewitz. Schriften, S. 215
115 Carl von Clausewitz: Meine Vorlesungen über den kleinen Krieg..., in: Hahlweg (Hg.), Clausewitz. Schriften, S. 231 ff
116 Ebenda, S. 233 ff
117 Ebenda, S. 645
118 Ebenda, S. 642–648
119 Hahlweg, in: ebenda, S. 212 f
120 Hahlweg: Das Clausewitzbild, S. 18; Vom Kriege, S. 184
121 Vom Kriege, S. 176
122 Hahlweg: Das Clausewitzbild, S. 39
123 Vom Kriege, S. 175, 179
124 Ebenda, S. 181
125 Vgl. auch die zehn Schwerpunkte bei Hahlweg: Das Clausewitzbild, S. 40 ff
126 Vom Kriege, VIII 6 B., S. 998
127 Ebenda
128 Rothfels: Politik und Krieg, S. 39
129 Vom Kriege, I 1, S. 191 f
130 Ebenda, VIII 6 A., S. 989
131 Ebenda, II 2, S. 293 f
132 Strategie aus dem Jahre 1804, S. 33
133 Vom Kriege, Nachricht, S. 182
134 Ebenda, VI 5, S. 633
135 Hahlweg: Das Clausewitzbild, S. 52 ff
136 Ebenda
137 Nachweise ebenda, S. 54
138 Ebenda
139 U. Marwedel: Carl von Clausewitz – Persönlichkeit und Wirkungsgeschichte seines Werkes bis 1918. Boppard 1978, S. 118 f
140 H. Rosinski: Die deutsche Armee. München 1977, S. 117
141 F. Engels: Bedingungen und Aussichten eines Krieges der Heiligen Allianz..., in: MEW Bd. 7 (1978), S. 482 ff
142 H. Moltke: Strategie. In: H. Moltke: Militärische Werke. Berlin 1911. Bd. IV, Kriegslehre, 1. Teil, S. 13
143 Vom Kriege, I 1, S. 210
144 Hahlweg, ebenda, S. 165 ff, 168 ff
145 Vom Kriege, 5. Aufl. 1905
146 R. Aron: Clausewitz. Frankfurt a. M. 1980, S. 368
147 Rosinski: Die deutsche Armee, S. 137
148 Vom Kriege, I 2, S. 221
149 E. Ludendorff. Kriegführung und Politik. Berlin 1922, S. 23
150 General Ludendorff: Der totale Krieg. München ²1936, S. 10
151 Vom Kriege, VIII 4, S. 979
152 L. Beck: Studien. Stuttgart 1955, S. 62; zum Quellenbezug s. Vom Kriege, S. 1184, A. 14 u. 16
153 Hahlweg: Das Clausewitzbild, S. 112
154 Beck: Studien, S. 52
155 Ebenda, S. 63

156 Vgl. Bibliographie S. 147 f

157 Ebenda

158 Keine entsprechenden Lehrstühle und Lehrinhalte an der Führungsakademie bzw. den Bundeswehr-Universitäten

159 H. Schmidt: Strategie des Gleichgewichts. Stuttgart 1969, S. 16 f; H. Afheldt: Verteidigung und Frieden. München, Wien 1976, S. 46 ff

160 Aron: Clausewitz, bes. S. 383–568

161 E. Vollrath: Neue Wege der Klugheit. In: Zeitschrift für Politik 1 (1984), S. 53 ff

162 P. Kondylis: Theorie des Krieges. Stuttgart 1988, bes. S. 56 ff

163 Marx, Engels, Manifest der Kommunistischen Partei. Siehe auch MEW 7 (1978), S. VI ff

164 Engels in: MEW 7 (1964), S. 162–195

165 Ebenda, S. 196

166 Ebenda, S. 11

167 Ebenda, S. 481 ff

168 MEW 8, S. 95

169 MEW 28 (1963), S. 576 f

170 MEW 11, S. 443

171 Vom Kriege II 2, S. 283

172 Vgl. Anmerkungen 179–181

173 MEW 29 (1967), S. 252

174 Clausewitz: Vom Kriege II 3, S. 303

175 Ebenda

176 MEW 29, S. 256

177 Marwedel: Carl von Clausewitz, S. 180

178 C. Ancona, in: Clausewitz in Perspektive, Frankfurt a. M. 1980, S. 570 ff

179 Ebenda, S. 567

180 Ebenda

181 Marwedel: Clausewitz, S. 180 f

182 Hahlweg: Das Clausewitzbild, S. 94

183 MEW 13 (1975), S. 440, 450, 601

184 Vom Kriege VI 23, S. 767 ff

185 MEW 13 (1975), S. 601

186 MEW 14 (1979), S. IX f

187 Carl von Clausewitz: Vom Kriege, Berlin (DDR) 1957, S. LX, S. 903/ A. 14, S. 906/A. 36, p. 908/A. 58

188 Ebenda, S. VII ff

189 H. Helmert: Friedrich Engels. Die Anfänge der proletarischen Militärtheorie (1842–1852). Berlin (DDR) 1970, S. 112

190 F. Mehring: Die Lessing-Legende. Berlin (DDR) 1953, S. 13 ff

191 C. Ancona: Der Einfluß von Clausewitz' ‹Vom Kriege› auf das marxistische Denken von Marx bis Lenin. In: Clausewitz in Perspektive, S. 575

192 Siehe besonders W. Hahlweg: Lenin und Clausewitz. In: Clausewitz in Perspektive, S. 596

193 Ebenda

194 Veröffentlicht in Bd. 38 der Lenin-Gesamtausgabe, Berlin (DDR) 1981, S. 77–319. Vgl. H. Weber (Hg.): Lenin. München 1980, S. 253 ff

195 Vgl. C. Helferich: G. W. F. Hegel. Stuttgart 1979, S. 172 ff

196 Aron: Clausewitz, S. 387

197 Ebenda, S. 393

198 Hahlweg: Lenin und Clausewitz, S. 621

199 Vom Kriege, VIII 6 B., S. 993

200 Vgl. W. I. Lenin: Clausewitz' Werk ‹Vom Kriege›. Berlin (DDR) 1957, S. 39 (Ich folge der Hahlwegschen Übersetzung)

201 W. I. Lenin: Ausgewählte Werke. Bd. I, Berlin (DDR), 1966, S. 877 f

202 Aron: Clausewitz, S. 424–436

203 Zhang Yuanlin: Manuskript. Universität Mannheim 1989, S. 1

204 Zhang Yuanlin: Überblick über die chinesischen Ausgaben des Werkes von Carl von Clausewitz ‹Vom Kriege›, Manuskript, Universität Mannheim 1989, pass.

205 Die Studien von Vo Nguyen Giap «Volkskrieg, Volksarmee», München 1968, müßten analog erneut untersucht werden.

206 W. I. Lenin: Sozialismus und Krieg. Berlin (DDR) 1974, S. 12

207 B. M. Schaposchnikow: Das Hirn der Armee. Berlin (DDR) 1987, S. 568 ff

208 R. Garthoff: Die Sowjetarmee. Köln 1955, S. 81

209 Ebenda, S. 83; J. Wallach: Die Kriegslehre von Friedrich Engels. Frankfurt a. M. 1968, S. 57 ff

210 P. Lange: Die sowjetische Militärdoktrin und der Westen. In: Europa-Archiv 6 (1984), S. 179 ff

211 M. S. Gorbatschow: Perestroika. München 1987, S. 179

212 Ebenda, S. 27 f

213 Militärische Theorie und militärische Praxis. Berlin (DDR) 1980, S. 79

214 W. Scheler, G. Kiessling: Gerechte und ungerechte Kriege in unserer Zeit. Berlin (DDR) 1981, S. 58 f

215 Ebenda

216 A. Kokoshin, Alexander Swetschin: On War and Politics. In: International Affairs, November 1988, S. 118 ff, hier S. 124

217 Ebenda

218 The Soviet Strategic View. In: Strategic Review, Spring 1988, S. 75 ff; Summer 1988, S. 79 ff; Winter 1988, S. 81 ff

219 A. Krakau: ‹Kriegsverhinderung› und ‹Verteidigung› in der militärischen Doktrin und Strategie der UdSSR. In: Berichte des Bundesinstituts für ostwissenschaftliche und internationale Studien 30 (1988), S. 16. Vgl. auch W. Pfeiler: Hat das sowjetische ‹neue politische Denken› auch zu einem neuen militärischen Denken geführt? In: Beilage zu «Das Parlament», B 44 (1987), S. 29 ff

220 G. Wettig: Kriegslehre und Militärdoktrin in der Sowjetunion unter Berücksichtigung von Clausewitz. In: Clausewitz heute, Studiengruppe für Internationale Sicherheitspolitik Mannheim 1988, S. 22. Vgl. auch für die generelle Tendenz G. Diligenskiy: Peaceful Coexistence and the Class Struggle. In: Strategic Review, Winter 1989, S. 88 ff

221 A. Türpe: Zur Friedenspolitik im Denken von Clausewitz und deren Relevanz für unsere Zeit. In: Clausewitz, Jomini, Erzherzog Carl. Wien 1988, S. 48

222 Vgl. Frieden, Krieg, Streitkräfte. Historisch-materialistischer Abriß. Hg. von der Militärakademie Friedrich Engels. Berlin (DDR) 1989, S. 88 ff, insbes. hier S. 92, 104 f

223 Dresdener Studiengemeinschaft Sicherheitspolitik (DSS): Arbeitspapiere, Heft 4 (Dezember) 1990. Beitrag von Wolfgang Scheler, S. 58 f

224 Hierbei gelangte z. B. der Friktionsbegriff in die Populärdebatte, ausgelöst wohl durch verdienstvolle Beiträge von Bassam Tibi: Kriegsdrohung und Friktion. Ein Szenarium zur Golf-Krise nach Clausewitz. In: Frankfurter Allgemeine Zeitung vom 17. 12. 1990 und B. Tibi: Der Irak und der Golfkrieg. In: Aus Politik und Zeitgeschichte. Beilage zur Wochenzeitung Das Parlament vom 8. 2. 1991, S. 8 ff

225 In den achtziger Jahren waren auch wichtige Führungsvorschriften westlicher Streitkräfte, so die Vorschrift «Operations» des amerikanischen Heeres und die entsprechende Heeresdienstvorschrift HDv 100/100 der Bundeswehr – entgegen ihren praktistisch geprägten Vorläufern in den siebziger Jahren – im Sinn der Clausewitz-Rezeption umgearbeitet worden. Damit gelangen über diese Mechanismen ebenfalls zentrale Clausewitzsche Konzepte in die militärische Fachdebatte und vermittelt dann auch in die allgemeine sicherheits- und militärpolitische Debatte der neunziger Jahre.

226 Hinterlassene Werke des Generals Carl von Clausewitz über Krieg und Kriegführung, Bd. VII, Berlin 1835, S. 361; vgl. W. Hahlweg: Das Clausewitzbild, S. 26

Zeittafel

1780	1. Juli: Carl von Clausewitz wird als fünftes Kind des verabschiedeten Offiziers und Steuereinnehmers Friedrich Gabriel Claußwitz und dessen Frau Friderike, geb. Schmidt, in Burg bei Magdeburg geboren. Schulbildung in Burg an einer städtischen Schule, die dem Leitbild der Heckerschen Realschule in Berlin verpflichtet ist.
1792	Im Frühsommer Eintritt in das Infanterie-Regiment No. 34 Prinz Ferdinand, Standort: Neuruppin.
1793	1. April–23. Juli: Teilnahme an der Belagerung von Mainz, dort noch – am 20. Juli – zum Fähnrich befördert.
1795–1801	Nach Abschluß des Feldzugs Zwischenaufenthalt im Tecklenburger Land, dort erste Studien, anschließend Garnisonsjahre in Neuruppin. Leutnant bereits seit März 1795. In Neuruppin erste intensive, autodidaktische Studienjahre.
1801	Oktober: Hörer des ersten Kurses an der von Scharnhorst reformierten Berliner Kriegsschule (Kursdauer: drei Jahre). Die Begegnung mit Scharnhorst wird entscheidend für seinen weiteren beruflichen Weg.
1803	Frühjahr/Sommer: Clausewitz kommt an den Berliner Hof als Adjutant – zunächst auf Probe – des Prinzen August von Preußen. Erste Begegnung mit Marie von Brühl im Dezember.
1804	Beendigung des dritten Studienjahrs an der Berliner Kriegsschule im Frühjahr. Im Juni Festanstellung als Adjutant.
1805	November: Beförderung zum Stabskapitän. Dezember: Truppenabmarsch von Berlin. *Bemerkungen über die reine und angewandte Strategie des Herrn von Bülow oder Kritik der darin enthaltenen Ansichten*
1806	14. Oktober: Schlacht bei Jena und Auerstedt. Rückzug. Ende in den Uckersümpfen. Als Gefangener zusammen mit Prinz August nach Berlin (28. 10).
1807	Januar: Internierung in Frankreich. März–August: In Soissons mit Zwischenaufenthalt in Paris. 1. August: Ende der Gefangenschaft. Reise mit Prinz August in die Schweiz. 11. August–Mitte Oktober: Besuch bei Madame de Staël in Schloß Coppet. Dort Begegnung mit August Wilhelm Schlegel. November: wieder in Berlin. *Historische Briefe über die großen Kriegsereignisse im October 1806*
1808	Ende März: Als Adjutant von Prinz August nach Königsberg, dort Wiederbegegnung mit Scharnhorst. Mitarbeit an der Reform. Rezensionen für u. a. die «Hallische Literaturzeitung»: *Kriegswissenschaften*

1809	Ende Februar: Als «Wirklicher Kapitän» Scharnhorst unterstellt.
	September: Teilnahme an Übungen der umgestalteten Streitkräfte.
	31. Dezember: Rückkehr mit dem preußischen Hof von Königsberg nach Berlin.
1810	Bürochef bei Scharnhorst.
	Ende August: Verlobung mit Marie Gräfin Brühl.
	Beförderung zum Major.
	Taktiklehrer an der Berliner Kriegsschule. Berater des Kronprinzen Friedrich Wilhelm, dessen Bruder (später: Kaiser Wilhelm I.) und des Prinzen Friedrich der Niederlande.
	17. Dezember: Eheschließung mit Marie von Brühl in Berlin.
1811	Erste Schlesien-Reise.
1812	Februar: Abfassung der Bekenntnisdenkschrift, die intern an Gneisenau geht.
	März: Clausewitz erbittet Abschied aus preußischen Diensten. Am 31. Abreise von Berlin.
	Mai: Ostpreußen, Eintritt in den russischen Dienst.
	Juni/Juli: Als Oberstleutnant dem strategischen Berater des Zaren, General Phull, unterstellt. Vorübergehend bei General Graf Pahlen. Teilnahme an den Schlachten von Moshaisk, Witebsk, Smolensk und Borodino.
	14. September: Mit den Uwarowschen Reitern in Moskau.
	Oktober: Als Kurier unterwegs nach St. Petersburg. Anschließend bei der Westarmee unter Graf Sayn-Wittgenstein.
	30. Dezember: Konvention von Tauroggen dank der Vermittlungstätigkeit von Clausewitz.
1813	Teilnahme am Frühjahrsfeldzug im Stabe Blüchers.
	Anfang Mai: Gefecht von Groß-Görschen. Scharnhorst tödlich verwundet.
	Teilnahme am Herbstfeldzug im Korps Wallmoden, das am 16. September im Gefecht in der Göhrde französische Einheiten besiegt.
	Beförderung zum kaiserlich-russischen Oberst (22. 9.).
	Anonyme Veröffentlichung einer Flugschrift.
1814	11. April: Als Oberst der Infanterie wieder in preußische Dienste übernommen.
1815	30. März: In den Generalstab zurückversetzt.
	22. April: Chef des III. Korps der Armee Blücher. Ein Gesuch um Frontverwendung wird abgelehnt. Entwurf des Operationsplans für die Kämpfe des III. Korps bei Ligny und Wavre. Diese Gefechte (16.–19. Juni) tragen indirekt zum positiven Ausgang der Hauptschlacht (Belle-Alliance/Waterloo) bei.
	Sommer: III. Korps in Fontainebleau und anderen Orten.
	Nach Abschluß des Feldzugs wird Clausewitz Gneisenau als Chef des Stabes beim Generalkommando Koblenz beigegeben.
1816/17	Koblenzer Zeit. Kreis um Gneisenau, u. a. Max von Schenkendorf. «Wallensteins Lager am Rhein».
1818	Mai: Ernennung zum Direktor der Berliner Allgemeinen Kriegsschule (ohne Lehrbefugnis). Zeit der Ausarbeitung des Werks *Vom Kriege* in der zwölfjährigen Amtsdauer in Berlin.
	August: Vorübergehende Kommandierung nach Aachen als Stadtkommandant während des Kongresses von Aachen.
	19. September: Ernennung zum Generalmajor.

1821	Clausewitz wird auch Mitglied des Großen Generalstabes. Seine Bewerbungen um diplomatische Verwendungen in London bzw. in München werden abgelehnt.
1823/24	*Nachrichten über Preußen in seiner größten Katastrophe*
1827	Clausewitz (und seine Brüder) werden offiziell geadelt.
1829	Gesuche um Truppenkommando.
1830	Januar: Zustimmung des Königs, Clausewitz erhält die zweite Artillerie-Inspektion in Breslau, deren Übernahme im September erfolgt. Ende des Jahres ist Clausewitz auf königlichen Befehl wieder in Berlin. Unruhen in ganz Europa als Folge der Juli-Revolution in Paris.
1831	Zusammenstellung einer preußischen Beobachtungsarmee unter Gneisenau. Clausewitz wird Chef des Stabes (6.3.).
	Durch russische Truppen wird die Cholera nach Mitteleuropa eingeschleppt.
	August: Gneisenau an der Cholera gestorben. Clausewitz übernimmt die Leitung der Observationsarmee.
	November: Rückkehr nach Breslau, Clausewitz übernimmt wieder die Artillerie-Inspektion.
	16. November: Clausewitz erliegt der Cholera, Beisetzung in Breslau.

Zeugnisse

Friedrich Engels
Ich lese jetzt u. a. Clausewitz, *Vom Kriege*. Sonderbare Art zu philosophieren, der Sache nach aber sehr gut. Auf die Frage, ob es Kriegskunst oder Kriegswissenschaft heißen müsse, lautet die Antwort, daß der Krieg am meisten dem Handel gleiche. *An Karl Marx. 1858*

Karl Marx
Den Clausewitz habe ich bei Gelegenheit des Blücher etwas im allgemeinen durchstöbert. Der Kerl hat einen common sense, der an Witz grenzt.
An Friedrich Engels. 1858

Graf Schlieffen
Der dauernde Wert des Werkes *Vom Kriege* liegt neben seinem hohen ethischen und psychologischen Gehalt in der nachdrücklichen Betonung des Vernichtungsgedankens. *Zur Einführung der fünften Auflage. 1905*

Wladimir I. Lenin
Clausewitz... kämpfte schon vor ungefähr achtzig Jahren gegen das philisterhafte und törichte Vorurteil, als könne der Krieg von der Politik der entsprechenden Regierungen, der entsprechenden Klassen getrennt werden...
Krieg und Revolution. 1917

Hans Rothfels
Die realpolitische Wucht der Konzeption ruht ... auf der Frage nach den Triebkräften des geschichtlichen Werdens, nach dem den Erscheinungen zugrunde liegenden Prinzip. *Carl von Clausewitz. Politik und Krieg. 1920*

Erich Ludendorff
Das Wesen des Krieges hat sich geändert, das Wesen der Politik hat sich geändert, so muß sich auch das Verhältnis der Politik zur Kriegsführung ändern. Alle Theorien von Clausewitz sind über den Haufen zu werfen. *Der totale Krieg. 1936*

Herbert Rosinski
In [Clausewitz' Werk] verband sich die große geistige Kraft des damals in Blüte stehenden spekulativen Denkens in Deutschland mit praktischem Menschenverstand und kritischer Skepsis eines erfahrenen Soldaten zur ersten und einzigen erschöpfenden Studie des Krieges. *The German Army. 1944*

Jehuda Wallach
Wollten wir grob verallgemeinern, dann könnten wir sagen, daß viele seiner taktischen Gesichtspunkte im Lauf der Jahre durch modernere ersetzt worden sind, während das, was er über die Strategie und das Wesen des Krieges gesagt hat, bis heute unangreifbar geblieben ist. *Das Dogma der Vernichtungsschlacht. 1970*

Henry Kissinger
Clausewitz [war] der erste wahrhaft ‹moderne› militärische Theoretiker... Der Kern der Lehre von Clausewitz ist, daß das Verhältnis zwischen den Staaten ein dynamischer Vorgang ist, in dem der Krieg nur eine Erscheinungsform ist, und daß selbst eine Periode des Friedens zu einem Instrument werden kann, um den Willen einer Nation einer anderen aufzuzwingen.

Kernwaffen und Auswärtige Politik. 1974

Peter Paret
Clausewitz betrachtete das Heranwachsen des modernen Staates als den bedeutsamsten Vorgang in der Geschichte. Die Art und Weise, wie Gesellschaften politische Energie erzeugten und verteilten... und ihre politischen Praktiken zu seinen Lebzeiten, diente für den überwiegenden Teil seiner theoretischen Arbeit als organisierendes Element.

Clausewitz and the State. 1976

Raymond Aron
Den Krieg unserer Zeit gemäß Clausewitz denken besteht nicht in der mechanischen Anwendung der Begriffe des preußischen Offiziers, sondern in der Treue zu einer Methode.

Clausewitz. Den Krieg denken. 1980

Harry G. Summers
Clausewitz' *Vom Kriege*... ist die modernste verfügbare Quelle. In den Wirtschaftswissenschaften muß man nicht auf Adam Smith zurückgehen; man kann Milton Friedman, John Kenneth Galbraith oder Paul Samuelson lesen, um Wirtschaftstheorie zu begreifen... In der Militärwissenschaft ist jedoch *Vom Kriege* noch das zukunftsträchtige Werk.

On Strategy. A Critical Analysis of the Vietnam War. 1984

Michael I. Handel
150 Jahre nach seinem Tode bleibt Clausewitz' Beitrag zum Studium und Verstehen des Krieges unübertroffen. Heute noch bedeutsam sind seine Ideen über den Primat der politischen Kontrolle im Kriege, über die Rolle der Friktion, der Unbestimmtheit und des Zufalls... über den Krieg als eine Kunst, über die Notwendigkeit, dogmatische und positive Theorien zu vermeiden... und über die Natur des Krieges im allgemeinen.

Clausewitz in the Age of Technology. 1986

Panajotis Kondylis
In Wirklichkeit gehört Clausewitz ... nicht so sehr zu einer bestimmten deutschen Geistesströmung, sondern vielmehr zur Tradition des europäischen realpolitischen Denkens, dessen Anfang und gleichzeitig größter Höhepunkt in der Neuzeit Machiavelli bleibt.

Theorie des Krieges. 1988

Bibliographie

Die nachfolgende Auswahl stützt sich auf die von Werner Hahlweg besorgte 19. Auflage des Werks *Vom Kriege* (Bonn 1980, dort S. 1341 ff) sowie auf das Privatarchiv des Verfassers.

1. *Vom Kriege* (deutsche Ausgaben)

Vom Kriege. Hinterlassenes Werk des Generals Carl von Clausewitz. Teil 1–3. Berlin (bei Ferdinand Dümmler) 1832 (T. 1), 1833 (T. 2), 1834 (T. 3)

Dasselbe. Zweite Auflage. Teil 1–3. Berlin (Ferd. Dümmlers Verlagsbuchhandlung) 1853

Dasselbe. Unveränderter Nachdruck. Berlin (Ferd. Dümmlers Verlagsbuchhandlung) 1857

Dasselbe. Dritte Auflage. Teil 1–3. Berlin (Ferd. Dümmlers Verlagsbuchhandlung – Harrwitz und Goßmann) 1867 (T. 1 u. 2) und 1869 (T. 3)

Dasselbe. Vierte Auflage. Teil 1–3. Berlin (Ferd. Dümmlers Verlagsbuchhandlung – Harrwitz und Goßmann) 1880

Dasselbe. Fünfte durchgesehene Auflage. Mit einer Einführung vom Chef des Generalstabes der Armee Generaloberst GRAFEN VON SCHLIEFFEN, Exzellenz. Berlin (Ferd. Dümmlers Verlagsbuchhandlung) 1905

Dasselbe. Sechste Auflage. Berlin (Ferd. Dümmlers Verlagsbuchhandlung) 1911

Dasselbe. Siebente Auflage. Mit einer Einführung von Generaloberst GRAF VON SCHLIEFFEN. Berlin (Ferd. Dümmlers Verlagsbuchhandlung) 1912

Dasselbe. Achte Auflage. U. d. T.: General von Clausewitz: Vom Kriege. Mit einer Einführung von GRAF VON SCHLIEFFEN. Berlin (B. Behrs Verlag – Friedrich Feddersen) 1914

Dasselbe. Neunte verbesserte Auflage. U. d. T.: General von Clausewitz: Vom Kriege. Mit einer Einführung von GRAF VON SCHLIEFFEN. Berlin und Leipzig (B. Behrs Verlag – Friedrich Feddersen) 1915

Dasselbe. Zehnte vermehrte Auflage. U. d. T.: General von Clausewitz: Vom Kriege. Mit einer Einführung von GRAF VON SCHLIEFFEN und Begleitworten der Generalfeldmarschälle LEOPOLD PRINZ VON BAYERN, VON BÜLOW, VON MACKENSEN, Generalobersten VON KLUCK, VON EICHHORN, VON WOYRSCH, nebst einem ausführlichen Sach- und Namenregister von Oberstleutnant a. D. PAUL CREUZINGER. Berlin und Leipzig (B. Behrs Verlag – Friedrich Feddersen) 1915

Dasselbe. Elfte vermehrte Auflage. Berlin und Leipzig (B. Behrs Verlag – Friedrich Feddersen) 1915

Dasselbe. Zwölfte vermehrte Auflage. Berlin und Leipzig (B. Behrs Verlag – Friedrich Feddersen) 1917

Dasselbe. Dreizehnte vermehrte Auflage. Berlin und Leipzig (B. Behrs Verlag – Friedrich Feddersen) 1918

Dasselbe. Vierzehnte vermehrte Auflage. U. d. T.: Vom Kriege. Hinterlassenes Werk von General Carl von Clausewitz. Mit einer Einführung von GRAF VON SCHLIEFFEN. Hg. von KARL LINNEBACH. Berlin und Leipzig (B. Behrs Verlag – Friedrich Feddersen) 1933 (Mit Geleitworten des Reichspräsidenten VON HINDENBURG und des Reichswehrministers GdI a. D. VON BLOMBERG)

Dasselbe. Fünfzehnte vermehrte Auflage. U. d. T.: Vom Kriege. Hinterlassenes Werk von General Carl von Clausewitz. Mit einer Einführung von GRAF VON SCHLIEFFEN. Hg. von KARL LINNEBACH. Berlin (Keil Verlag) 1937 (Mit Geleitworten des Reichspräsidenten VON HINDENBURG und des Reichskriegsministers und Oberbefehlshabers der Wehrmacht Generalfeldmarschall VON BLOMBERG)

Vom Kriege. Hinterlassenes Werk des Generals Carl von Clausewitz. Sechzehnte Auflage. Vollständige Ausgabe im Urtext mit historisch-kritischer Würdigung von Dr. WERNER HAHLWEG, Dozent an der Universität Münster/W. Drei Teile in einem Band mit Titelbild und 5 Tafeln. Bonn (Ferd. Dümmlers Verlag) 1952

Dasselbe. Siebzehnte Auflage. Bonn (Ferd. Dümmlers Verlag) 1966

Dasselbe. Achtzehnte Auflage. Bonn (Ferd. Dümmlers Verlag) 1973

Dasselbe. Neunzehnte Auflage. Jubiläumsausgabe. Anläßlich der 200. Wiederkehr des Geburtstages von Carl von Clausewitz. Bonn (Ferd. Dümmlers Verlag) 1980

Vom Kriege. Hinterlassenes Werk des Generals Carl von Clausewitz. Erläutert durch W. VON SCHERFF, Oberst and Regiments-Kommandeur. Berlin 1880 (F. Schneider & Co. – Goldschmidt & Wilhelmi, Königliche Hofbuchhandlung) u. ö. In der Serie «Militärische Klassiker des In- und Auslandes». Hg. v. G. V. MARÉES

General Carl von Clausewitz: Vom Kriege. Hinterlassenes Werk. Als Volksausgabe hg. von A. W. BODE. Leipzig (H. Schaufuß Kom.-Ges.) 1935

Vom Kriege. Hinterlassenes Werk des Generals Carl von Clausewitz. Eingeleitet von Prof. Dr. ERNST ENGELBERG und Generalmajor a. D. Dr. OTTO KORFES. Berlin (Verlag des Ministeriums für Nationale Verteidigung) 1957

Vom Kriege. Als Handbuch bearbeitet und ... hg. von WOLFGANG PICKERT und WILHELM RITTER VON SCHRAMM. Reinbek (Rowohlts Klassiker Bd. 138) 1963

Vom Kriege. (Ungekürzter Text.) Berlin (Ullstein) 1980

2. Übersetzungen

Es sind u. a. in folgenden Ländern Übersetzungen des Werks *Vom Kriege* erschienen: Argentinien, China, Frankreich, Großbritannien, Indonesien, Israel, Italien, Japan, Kuba, Norwegen, Peru, Polen, Schweden, Sowjetunion, Tschechoslowakische Republik, Ungarn, USA (bedeutsam die von B. Brodie, M. Howard u. P. Paret besorgte Princeton-Ausgabe von 1976, deren achte überarbeitete Auflage 1984 erschien).

Für die Rezeption im ostasiatisch-pazifischen Raum wesentlich: die insgesamt dreizehn chinesischen Ausgaben des Werks *Vom Kriege* (darunter acht Gesamtausgaben, die anderen sind gekürzte Versionen), zuletzt die 1980 erschienene Übersetzung der Princeton-Ausgabe von 1976 (s. o.) sowie die 1985 in 4. Auflage publizierte Übersetzung des Werks *Vom Kriege*, die sich auf den deutschen Originaltext stützt (Ausgabe der Chinesischen Akademie für Militärwissenschaft). Eine eigene chinesische Ausgabe – aus dem Japanischen und aus dem Englischen übersetzt – wurde in der Republik Taiwan 1956 veröffentlicht. In Japan erschien eine erste Übersetzung 1903 (betrieben durch die Streitkräfte); bis in die fünfziger Jahre wurde eine Taschenbuchausgabe (in neuer Übersetzung) des Werks *Vom Kriege* verbreitet; weitere Übersetzungen (jeweils anderer Ausgaben) erschienen in den sechziger Jahren.

3. Weitere Schriften von Clausewitz

Hinterlassene Werke des Generals von Clausewitz über Krieg und Kriegführung: Vierter Band. Der Feldzug von 1796 in Italien. Berlin 1833. Dritte (letzte) Auflage: Berlin 1889

Fünfter Band. Die Feldzüge von 1799 in Italien und in der Schweiz. Erster Teil. Berlin 1833. Zweite (letzte) Auflage: Berlin 1858

Sechster Band. Die Feldzüge von 1799 in Italien und in der Schweiz. Zweiter Teil. Berlin 1834. Zweite (letzte) Auflage: Berlin 1858

Siebenter Band. Der Feldzug von 1812 in Rußland, der Feldzug von 1813 bis zum Waffenstillstand und der Feldzug von 1814 in Frankreich. Berlin 1835. Dritte (letzte) Auflage: Berlin 1906 (In diesem Band ist auch die Darstellung des Feldzugs von 1815 enthalten, die in der Erstausgabe in einem besonderen Teil – s. Bd. VIII der Hinterlassenen Werke über Krieg und Kriegführung – erschienen war.)

Achter Band. Der Feldzug von 1815 in Frankreich. Berlin 1835. Dritte (letzte) Auflage: Berlin 1906

Neunter Band. Strategische Beleuchtung mehrerer Feldzüge von Gustav Adolf, Turenne, Luxemburg und andere historische Materialien zur Strategie. Berlin 1837. Zweite (letzte) Auflage: Berlin 1862

Zehnter Band. Strategische Beleuchtung mehrerer Feldzüge von Sobieski, Münich, Friedrich dem Großen und dem Herzog Karl Wilhelm Ferdinand von Braunschweig und andere historische Materialien zur Strategie. Berlin 1837. Zweite (letzte) Auflage: Berlin 1863

Bemerkungen über die reine und angewandte Strategie des Herrn v. Bülow; oder Kritik der darin enthaltenen Ansichten. In: Neue Bellona. Oder Beyträge zur Kriegskunst und Kriegsgeschichte. Bearbeitet von einer Gesellschaft Offiziers und hg. von H. P. R. VON PORBECK... Neunten Bandes drittes Stück. Jahrgang 1805. Leipzig [1805]. Neudruck in: E. A. NOHN: Der unzeitgemäße Clausewitz. Notwendige Bemerkungen über zeitgemäße Denkfehler. Beiheft 5 der Wehrwissenschaftlichen Rundschau... November 1956. Berlin und Frankfurt a. M. 1956

Historische Briefe über die großen Kriegs-Ereignisse im Oktober 1806. In: Minerva. Hg. von J. W. VON ARCHENHOLTZ. 1., 2. Jg. 1807

Kriegswissenschaften. In: Allgemeine Literatur-Zeitung vom Jahre 1808. Dritter Band. September bis Dezember, Sp. 547 ff, Halle 1808

Kriegswissenschaften. In: Jenaische Allgemeine Literatur-Zeitung Nr. 238 vom 11. Oktober 1808, Sp. 65 ff, Jena 1808

Über das Leben und den Charakter von Scharnhorst. Aus dem Nachlasse des General Clausewitz. In: Historisch-politische Zeitschrift. Hg. von LEOPOLD RANKE. Erster Band, Hamburg 1832 – Neuausgabe in der «Kriegsgeschichtlichen Bücherei», Bd. 1, Berlin 1935

Aphorismen über den Krieg und die Kriegführung. (Aus hinterlassenen Schriften des Generals von Clausewitz.) In: Zeitschrift für Kunst, Wissenschaft und Geschichte des Krieges, Bd. 28–35, Berlin 1833, 1834, 1835

Das Wesentlichste in der Organisation eines Landsturms und einer Miliz. Vom Oberstleutnant Carl v. Clausewitz. In: Errichtung der Landwehr und des Landsturms in Ostpreußen, Westpreußen am rechten Weichsel-Ufer und Litthauen im Jahre 1813. Beihefte zum Militair-Wochenblatt pro Januar bis inclusive October 1846. Berlin 1846

Unsere Kriegsverfassung. In: Zeitschrift für Kunst, Wissenschaft und Geschichte des Krieges, Bd. 104, Berlin 1858

Briefe von Carl v. Clausewitz an Marie v. Clausewitz, geb. Gräfin Brühl. In: Zeitschrift für Preußische Geschichte und Landeskunde… Hg. von C. RÖSSLER. 13. Jg. Berlin 1876

Über das Fortschreiten und den Stillstand der kriegerischen Begebenheiten. (Veröffentlicht von HANS DELBRÜCK.) In: Zeitschrift für Preußische Geschichte und Landeskunde, 15. Jg. 1878, Berlin 1878

Mittheilungen aus dem Archive des Königlichen Kriegsministeriums. II. Zwei Denkschriften von Clausewitz 1830/31. In: Militär-Wochenblatt 1891, Nr. 29–31, Berlin 1891

v. Clausewitz. Nachrichten über Preußen in seiner großen Katastrophe. Zweite verbesserte Auflage. Kriegsgeschichtliche Einzelschriften. Herausgegeben vom Großen Generalstabe, Kriegsgeschichtliche Abteilung II. Heft 10, Berlin 1908

Karl und Marie von Clausewitz. Ein Lebensbild in Briefen und Tagebuchblättern. Hg. und eingeleitet von KARL LINNEBACH. Berlin 1916 – weitere Auflagen 1917 und 1925

ROTHFELS, H.: Ein kunsttheoretisches Fragment des Generals Carl von Clausewitz. In: Deutsche Rundschau. Hg. von B. HAKE. Dezember 1917, Berlin 1917

Ein ungenannter Militär an Fichte, als den Verfasser des Aufsatzes über Machiavelli im ersten Bande des «Vesta». In: JOH. GOTTLIEB FICHTE: Machiavelli. Nebst einem Briefe Carls von Clausewitz an Fichte. Kritische Ausgabe von H. Schulz. Leipzig 1918 – Zweite Auflage: Leipzig 1925

Carl von Clausewitz: Politische Schriften und Briefe. Hg. von H. ROTHFELS. München 1922

Carl von Clausewitz: Geist und Tat. Das Vermächtnis des Soldaten und Denkers. In: Auswahl aus seinen Werken, Briefen und unveröffentlichten Schriften. Hg. und eingeleitet von W. M. SCHERING. Stuttgart 1941. Zweite (letzte) Ausgabe: Stuttgart 1942

ROTHFELS, H.: Zwei strategische Briefe von Clausewitz. In: Wissen und Wehr, 4. Jg. 1923, Berlin 1923

Zwei Briefe des Generals von Clausewitz. Gedanken zur Abwehr. In: Militärwissenschaftliche Rundschau, 2. Jg. 1937, Sonderheft, Berlin 1937

Carl von Clausewitz: Strategie aus dem Jahr 1804 mit Zusätzen von 1808 und 1809. Hg. von E. KESSEL. Hamburg 1937. Dritte (letzte) Auflage: Hamburg 1943

Carl von Clausewitz: Schriften–Aufsätze–Studien–Briefe. Dokumente aus dem Clausewitz-, Scharnhorst- und Gneisenau-Nachlaß sowie aus öffentlichen und privaten Sammlungen. Hg. von WERNER HAHLWEG. Erster Band. Göttingen 1966; zweiter Band 1990

Carl von Clausewitz: De la Révolution à la Restauration. Écrits et lettres. Choix de textes traduits de l'Allemand et réprésentés par MARIE-LOUISE STEINHAUSER. Paris 1976

Carl von Clausewitz: Historische Briefe über die großen Kriegsereignisse im Oktober 1806. Neu hg. und kommentiert von JOACHIM NIEMEYER. Mit 2 Faksimiles und 2 Karten sowie mit einem Anhang des Herausgebers: I. Konkordanz der 18 Auflagen des Werkes *Vom Kriege*. II. Schriftenverzeichnis Carl von Clausewitz. Bonn 1977

Carl von Clausewitz: Verstreute kleine Schriften. Zusammengestellt, bearbeitet und eingeleitet von WERNER HAHLWEG. Bibliotheca Rerum Militarium XLV. Osnabrück 1979

Carl von Clausewitz: Ausgewählte militärische Schriften. Hg. von G. FÖRSTER und D. SCHMIDT. Berlin (DDR) 1980

4. Über Carl von Clausewitz und sein Werk

4.1. Auswahl der bis zum Beginn der siebziger Jahre erschienenen Veröffentlichungen

BERNHARDI, F. V.: Clausewitz über Angriff und Verteidigung. Versuch einer Widerlegung. In: Beihefte zum Militär-Wochenblatt 1911. Berlin 1911
–: Delbrück, Friedrich der Große und Clausewitz. Streiflichter auf die Lehren des Professors Dr. Delbrück über Strategie. Berlin 1892
BEYERHAUS, G.: Descartes oder Clausewitz? Eine Auseinandersetzung mit der Foch-Legende. In: Historische Zeitschrift Bd. 168 (1943)
–: Der ursprüngliche Clausewitz. In: Wehrwissenschaftliche Rundschau, 3. Jg. 1953, Heft 3
BLASCHKE, R.: Carl von Clausewitz. Ein Leben im Kampf. Schriften der Kriegsgeschichtlichen Abteilung im Historischen Seminar der Friedrich-Wilhelms-Universität Berlin. Allgemeine Reihe. Hg. von W. ELZE. Heft 7. Berlin 1934
CAEMMERER, R. V.: Clausewitz. Erzieher des Preußischen Heeres. Hg. von v. PELET-NARBONNE. 8. Band. Berlin 1905
–: Die Entwicklung der strategischen Wissenschaft im 19. Jahrhundert. Bibliothek für Politik und Volkswirtschaft, Heft 15. Berlin 1904 (V. Kapitel: Clausewitz)
COCHENHAUSEN. F. V.: Gedanken von Clausewitz. Ausgewählt und zusammengestellt von General d. Art. z. V. FRIEDRICH VON COCHENHAUSEN. Berlin, Zürich 1943
CREUZINGER, P.: Hegels Einfluß auf Clausewitz. Berlin 1911
CVETKOV, V.: Über die Einführungsartikel zum Buch C. v. Clausewitz *Vom Kriege*. In: Militärwesen. Zeitschrift für Militärpolitik und Militärtheorie, 3. Jg. 1959, Heft 4
DELBRÜCK, H.: Friedrich, Napoleon, Moltke. Ältere und neuere Strategie. Im Anschluß an die Bernhardische Schrift: ‹Delbrück, Friedrich der Große und Clausewitz›. Berlin 1892
–: General von Clausewitz. In: Historische und Politische Aufsätze. Berlin ²1907
ELZE, W.: Clausewitz. Schriften der Kriegsgeschichtlichen Abteilung im Historischen Seminar der Friedrich-Wilhelms-Universität Berlin. Seminar-Reihe. Hg. von W. ELZE. Heft 6. Berlin 1934
ENGEL, J.: Der Wandel in der Bedeutung des Krieges im 19. und 20. Jahrhundert. (Mit Schlußbemerkung der Herausgeber.) In: Geschichte in Wissenschaft und Unterricht. Zeitschrift des Verbandes der Geschichtslehrer Deutschlands. Hg. von K. D. ERDMANN und F. MESSERSCHMID. Jg. 19, Heft 8, August 1968
FREISTETTER, F.: Lenins Notizen zu Clausewitz’ *Vom Kriege*. In: Österreichische Militärische Zeitschrift, Jg. 1964, Heft 6
FREYTAG-LORINGHOVEN, H. FRHR. V.: Kriegslehren nach Clausewitz aus den Feldzügen 1813 und 1814. Berlin 1908
–: Die Macht der Persönlichkeit im Kriege. Studien nach Clausewitz. Berlin ²1911
GEMBRUCH, W.: Zu Clausewitz’ Gedanken über das Verhältnis von Krieg und Politik. In: Wehrwissenschaftliche Rundschau, 9. Jg. 1959, Heft 11
GREEVE, J. L.: The living thoughts of Clausewitz. London 1943
HAGEMANN, E.: Die deutsche Lehre vom Kriege. Erster Teil. Von Berenhorst zu Clausewitz. Berlin 1940

HAHLWEG, W.: Lenin und Clausewitz. Ein Beitrag zur politischen Ideengeschichte des 20. Jahrhunderts. In: Archiv für Kulturgeschichte XXXVI. Bd. 1954, Heft 1,3

–: Carl von Clausewitz 1780–1831. In: Die großen Deutschen. Deutsche Biographie in 4 Bänden. Hg. von H. HEIMPEL, TH. HEUSS, B. REIFENBERG. Bd. II. Berlin 1956

–: Clausewitz. In: Neue deutsche Biographie. 3. Bd. Berlin 1957

–: Clausewitz bei Liddell Hart. Ein unbekannter Clausewitz-Brief in Wolverton Park. In: Archiv für Kulturgeschichte XLI. Bd. 1959, Heft 1

–: Clausewitz und die preußische Heeresreform. In: Zeitschrift für Heeres- und Uniformkunde. Herausgegeben von der Deutschen Gesellschaft für Heereskunde e. V. Jg. 1959/II, Nr. 163, März/April

–: Clausewitz, Lenin and Communist military attitude today. In: Journal of the Royal United Service Institution. Published by Authority of the Council. Vol. CV, May 1960, No. 618

–: Carl von Clausewitz. In: Klassiker der Kriegskunst. Darmstadt 1960

–: Carl von Clausewitz (1780–1831). In: Große Soldaten der europäischen Geschichte. Hg. von W. V. GROOTE. Frankfurt a. M. und Bonn 1961

–: Clausewitz, Österreich und die preußische Heeresreform 1807–1812. In: Landesverteidigung. Österreichische Militärische Zeitschrift, Heft 2, Wien 1962

–: Carl von Clausewitz. Soldat–Politiker–Denker. Persönlichkeit und Geschichte. Bd. 3. Göttingen, Zürich, Frankfurt a. M. 1969

KESSEL, E.: Doppelpolige Strategie. Eine Studie zu Clausewitz, Delbrück und Friedrich dem Großen. In: Wissen und Wehr, 12. Jg., 1931

–: Carl von Clausewitz. Herkunft und Persönlichkeit. In: Wissen und Wehr, 18. Jg., 1937

–: Zur Entstehungsgeschichte von Clausewitz' Werk *Vom Kriege*. In: Historische Zeitschrift Bd. 152, 1935

–: Zur Genesis der modernen Kriegslehre. Die Entstehungsgeschichte von Clausewitz' Buch *Vom Kriege*. In: Wehrwissenschaftliche Rundschau, 3. Jg. 1953, Heft 9

–: Die doppelte Art des Krieges. In: Wehrwissenschaftliche Rundschau, 4. Jg. 1954, Heft 7

KRÜGER, N.: Adolf Hitlers Clausewitzkenntnis. In: Wehrwissenschaftliche Rundschau, 18. Jg. 1968, Heft 8

Lenin, W. I.: Clausewitz' Werk *Vom Kriege*. Auszüge und Randglossen. Mit Vorwort und Anmerkungen von O. BRAUN. Berlin 1957

LINNEBACH, K.: Clausewitz' Persönlichkeit. In: Wissen und Wehr, 11. Jg., 1930

–: Zum Meinungsstreit über den Vernichtungsgedanken in der Kriegführung. In: Wissen und Wehr, 15. Jg., 1934

–: Clausewitz. In: Handbuch der neuzeitlichen Wehrwissenschaften. Hg. von H. FRANKE. Erster Band. Berlin und Leipzig 1936

–: Kriegstheorie. In: Handbuch der neuzeitlichen Wehrwissenschaften. Hg. von H. FRANKE. Erster Band. Berlin und Leipzig 1936

–: Die Wehrwissenschaften, ihr Begriff und ihr System. Berlin 1939

NOHN, E. A.: Clausewitz contra Bülow. In: Wehrwissenschaftliche Rundschau, 5. Jg. 1955, Heft 7

PARET, P.: Clausewitz. A Bibliographical Survey. In: World Politics. A Quarterly Journal of International Relations. Vol. XVII, No. 2, January 1965

–: Clausewitz and the Nineteenth Century. In: The Theory and Practice of War. Essays presented to Captain B. H. Liddell Hart on his seventieth birthday. Hg. von MICHAEL HOWARD. London 1965

–: Education, politics and war in the life of Clausewitz. In: Journal of the History of Ideas, Vol. XXIX, July–September 1968, Number 3

RASIN, J. A.: W. I. Lenin – der Schöpfer der sowjetischen Militärwissenschaft. Militärwissenschaftliche Aufsätze. Schriftenreihe zur Diskussion über Fragen der Militärwissenschaft. Heft 8, Berlin 1956

–: Die Bedeutung von Clausewitz für die Entwicklung der Militärwissenschaft. In: Militärwesen. Zeitschrift für Militärpolitik und Militärtheorie, 2. Jg. 1958, Heft 3

RITTER, G.: Die Lehre Carls von Clausewitz vom politischen Sinn des Krieges. In: Historische Zeitschrift, Bd. 167, 1943

ROSINSKI, H.: Die Entwicklung von Clausewitz' Werk *Vom Kriege* im Lichte seiner «Vorreden» und «Nachrichten». In: Historische Zeitschrift, Bd. 151, 1935

ROTHFELS, H.: Carl von Clausewitz, Politik und Krieg. Eine ideengeschichtliche Studie. Berlin 1920

–: Clausewitz. In: Makers of Modern Strategy. Military Thought from Machiavelli to Hitler. Edited by EDWARD MEAD EARLE. Princeton [3] 1948

–: Ein Brief von Clausewitz an den Kronprinzen Friedrich Wilhelm aus dem Jahre 1812. In: Historische Zeitschrift, Bd. 121, 1920

SCHERFF, W. V.: Delbrück und Bernhardi. Eine strategische Clausewitz-Studie für Gelehrte und Militairs. Berlin 1892

SCHERING, W. M.: Clausewitz als Philosoph. In: Europäischer Wissenschafts-Dienst. Hg. von P. RITTERBUSCH, W. WÜST und W. ZIEGLER. Jg. 4, Nr. 5, Mai 1944

–: Clausewitz' Lehre von Zweck und Mittel. In: Wissen und Wehr, 17. Jg., 1936

–: Die Kriegsphilosophie von Clausewitz. Eine Untersuchung über ihren systematischen Aufbau. Hamburg 1935

SCHMITT, C.: Clausewitz als politischer Denker. Bemerkungen und Hinweise. In: Der Staat. 6. Bd. 1967, Heft 4

SCHRAMM, W. RITTER VON: Clausewitz und die politische Philosophie. In: Außenpolitik. Zeitschrift für internationale Fragen, 9. Jg. November 1958, Heft 11

–: Von der militärischen zur politischen Verantwortung. Was Generaloberst Beck von Clausewitz gelernt hat. In: Zeitschrift für Politik, Jg. 1959

SCHWARTZ, K.: Leben des Generals Carl von Clausewitz und der Frau Marie von Clausewitz, geb. Gräfin Brühl. 2 Bde. Berlin 1878

SEECKT, H. V.: Clausewitz. Zum 150. Geburtstag (1930). In: Gedanken eines Soldaten. Erweiterte Ausgabe. Leipzig 1935

SENGHAAS, D.: Rückblick auf Clausewitz. In: Atomzeitalter. Information und Meinung, 1. Januar 1966

STAMP, G.: Clausewitz im Atomzeitalter. Auszüge aus seinem Werk *Vom Kriege*. Wiesbaden o. J. (1962)

WALLACH, J. L.: Das Dogma der Vernichtungsschlacht. Die Lehren von Clausewitz und Schlieffen und ihre Wirkungen in zwei Weltkriegen. Frankfurt a. M. 1967

WEHLER, H.-U.: «Absoluter» und «totaler» Krieg. Von Clausewitz zu Ludendorff. In: Politische Vierteljahrsschrift, 10. Jg. September 1969, Heft 2/3

WEIL, E.: Guerre et politique selon Clausewitz. In: Revue Française de Science Politique, Vol. V, No. 2, Avril–Juin 1955

WENIGER, E.: Philosophie und Bildung im Denken von Clausewitz. In: Schicksalswege deutscher Vergangenheit. Hg. von W. HUBATSCH. Düsseldorf 1950

4.2. Auswahl von 1972 bis 1980 erschienener Veröffentlichungen

ARNDT, H.-J.: Bleiben die Staaten die Herren der Kriege? Zum Clausewitz-Buch von Raymond Aron. In: Der Staat. Hg. von E.-W. BÖCKENFÖRDE, G. OESTREICH, H. QUARITSCH, R. SCHNUR, W. WEBER, H. J. WOLF. 16. Bd. 1977, H. 2

ARON, R.: Penser la guerre, Clausewitz. I. L'âge européen. II. L'âge planétaire. Paris 1976

–: Clausewitz. Den Krieg denken. Aus dem Französischen von IRMELA AMSPERGER. Berlin 1980

–: Verdächtiger Anwalt. Bemerkungen zu Robert Hepps Rezension. In: Zeitschrift für Politik, Jg. 26., H. 3, 1979

BLASIUS, D.: Carl von Clausewitz und die Hauptdenker des Marxismus. Ein Beitrag zum Problem des Krieges in der marxistischen Lehre. In: Wehrwissenschaftliche Rundschau, Jg. 1966, H. 5/6

Clausewitz-Gesellschaft e.V. (Hg.): Freiheit ohne Krieg? Beiträge zur Strategie-Diskussion der Gegenwart im Spiegel der Theorie von Carl von Clausewitz. Bonn 1980

DILL, G. (Hg.): Clausewitz in Perspektive. Berlin 1980.

HAHLWEG, W.: Clausewitz und die Französische Revolution. Die methodische Grundlage des Werkes Vom Kriege. In: Zeitschrift für Religions- und Geistesgeschichte. Hg. von E. BENZ und H. J. SCHOEPS. XXVII, H. 3, 1975

–: Militärwesen und Philosophie. Zur Genesis der methodischen Grundlagen des Werkes Vom Kriege des Generals v. Clausewitz. In: ÖMZ 5 (1976)

HARSH, J. L.: Battlesword and Rapier: Clausewitz, Jomini, and the American Civil War. In: Military Affairs, Vol. XXXVIII, No. 4, December 1974

HEPP, R.: Der harmlose Clausewitz. Kritische Bemerkungen zu einem deutschen, englischen und französischen Beitrag zur Clausewitz-Renaissance. I. II. In: Zeitschrift für Politik, Jg. 25, H. 3/4, 1978

KING J. E.: On Clausewitz: Master theorist of war. In: Naval War College Review, Fall 1977

LEFORT, C.: Lectures de la guerre: le Clausewitz de Raymond Aron. In: Annales Économies, Sociétés, Civilisations, 32e année, No.6, Novembre–Décembre 1977

MARWEDEL, U.: Carl von Clausewitz und das Jahr 1812. In: Militärgeschichte, Militärwissenschaft und Konfliktforschung. Eine Festschrift für Werner Hahlweg ... Hg. von DERMOT BRADLEY und ULRICH MARWEDEL. Studien zur Militärgeschichte, Militärwissenschaft und Konfliktforschung. Bd. 15. Osnabrück 1977

–: Carl von Clausewitz. Persönlichkeit und Wirkungsgeschichte seines Werkes bis 1918. Wehrwissenschaftliche Forschungen, Abt. Militärgeschichtliche Studien, Bd. 25. Boppard am Rhein 1978

–: Die Nachwirkung der Erkenntnisse Carl von Clausewitz' in Frankreich bis zum Ersten Weltkrieg. In: Wehrforschung 5 (1975)

–: Das Interesse an Clausewitz. In: Europäische Wehrkunde, XXIX. Jg., H.6, Juni 1980

MASON, R. A.: The challenge of Clausewitz. In: Air University Review, Vol. XXX, No. 3, March–April 1979

MOODY, JR., P. R.: Clausewitz and the fading dialectic of war. In: World Politics, Vol. XXXI, No. 3, April 1979

MURRAY, W. V.: Clausewitz and Limited Nuclear War. In: Military Review. Professional Journal of the US Army, Vol. LV, No. 4, April 1975

Paret, P.: Clausewitz and the State. Oxford 1976

–: Bemerkungen zu dem Versuch von Clausewitz, zum Gesandten in London ernannt zu werden. In: Jahrbuch für die Geschichte Mittel- und Ostdeutschlands. Hg. von W. Berges, H. Herzfeld, H. Skrzypczak. Bd. 26, 1977

Periés, G.: Clausewitz magyar forditása. In: Hadtörténelem, Jg. 13, H. 1, 1966

Rapoport, A.: Tolstoi und Clausewitz. Zwei Konfliktsmodelle und ihre Abwandlungen. In: Atomzeitalter, September 1966, 9

Rothe, B., und A. Türpe: Das Wesen des Krieges bei Hegel und Clausewitz. In: Deutsche Zeitschrift für Philosophie, 25. Jg., H. 11, 1977

Rothfels, H.: Carl von Clausewitz. Politik und Krieg. Eine ideengeschichtliche Studie. Reprint der ersten Auflage von 1920 mit einem Nachwort von J. Niemeyer. Bonn 1980

Schmidt, D.: Carl von Clausewitz über Gerhard von Scharnhorst. In: Militärgeschichte 1 (1980)

Schneider, F.-Th.: Actualité de Clausewitz. In: Revue militaire suisse, 122e année, No. 3, Mars 1977

Schramm, W. von: Clausewitz. Leben und Werk. Esslingen am Neckar 1976

Senghaas, D.: Rückblick auf Clausewitz. In: Atomzeitalter, Januar 1966, 1

–: Die Doktrin des totalen Krieges. Zum Verhältnis von faschistischer Politik und Krieg. In: Atomzeitalter, September 1966, 9

Staudenmaier, W. O.: Vietnam, Mao and Clausewitz. In: Parameters. Journal of the US Army War College, Vol. VII, No. 1, 1978

Stübig, H.: Clausewitz in Yverdon. Anmerkungen zu seinem Pestalozzi-Aufsatz. In: Paedagogica Historica. Internationale Zeitschrift für Geschichte der Pädagogik. Hg. von K. De Clerck. XVII/2, 1977

Tashjean, John F.: The Clausewitzian definition: from just war to the duel of States. In: Revue européenne des sciences sociales et Cahiers Vilfredo Pareto, Tome XVII, 1979, No. 47

Trythall, A. J.: On Clausewitz. In: The Army Quarterly and Defence Journal, Vol. 101, 1971/3

Türpe, A.: Carl Philipp Gottfried von Clausewitz, ein Philosoph des Krieges – Eine Analyse seiner philosophischen Position. Phil. Diss. Berlin (Humboldt-Universität) 1977

–: Zur Dialektik von Krieg und Frieden in der modernen Epoche. In: Deutsche Zeitschrift für Philosophie, 26. Jg., H. 3, 1978

–: Carl von Clausewitz' Verhältnis zur Philosophie seiner Zeit. In: Militärgeschichte 5 (1979)

4.3. Auswahl von 1980 bis 1991 erschienener Veröffentlichungen

Clausewitz, Jomini, Erzherzog Carl. Hg. von M. Rauchensteiner. Wien 1988

Creveld, M. v.: The Eternal Clausewitz. In: M. Handel (Hg.): Clausewitz and Modern Strategy. London und Totowa, N. J. 1986

Doepner, F.: Die Familie des Kriegsphilosophen Carl von Clausewitz. In: Der Herold, Bd. 12, 1987, H. 3

Förster, G.: Carl von Clausewitz. Berlin 1989

Franz, W. P.: Two Letters an Strategy. Clausewitz' Contribution to the Operational Level of War. In: M. Handel (Hg.): Clausewitz and Modern Strategy. London und Totowa, N. J. 1986

Gat, A.: Clausewitz on Defence and Attack. In: The Journal of Strategic Studies, March 1988, No. 1

–: Clausewitz's final Notes. In: Militärgeschichtliche Mitteilungen 1 (1989)

GOOCH, J.: Clausewitz Disregarded: Italian Military Thought and Doctrine, 1815–1943. In: M. HANDEL (Hg.): Clausewitz and Modern Strategy. London und Totowa, N. J. 1986

GUSS, K.: Krieg als Gestalt. Psychologie und Pädagogik bei Clausewitz. München 1990

HAHLWEG, W.: Clausewitz and Guerilla Warfare. In: The Journal of Strategic Studies, June/Sept. 1986, No. 2, 3

–: Philosophie und Militärtheorie im Denken und in den Aufzeichnungen des Generals von Clausewitz. In: Clausewitz, Jomini, Erzherzog Carl. Wien 1988

HANDEL, M. (Hg.): Clausewitz and Modern Strategy. London and Totowa, N. J. 1986

–: Clausewitz in the Age of Technology. In: M. HANDEL (Hg.): Clausewitz and Modern Strategy. London und Totowa, N. J. 1986

HERBIG, K. L.: Chance and Uncertainty in On War. In: M. HANDEL (Hg.): Clausewitz and Modern Strategy. London und Totowa, N. J. 1986

HOWARD, M.: Clausewitz. Oxford und New York 1986

KAHN, D.: Clausewitz and Intelligence. In: M. HANDEL (Hg.): Clausewitz and Modern Strategy. London und Totowa, N. J. 1986

KITCHEN, M.: The Political History of Clausewitz. In: The Journal of Strategic Studies, March 1988, No.1

KONDYLIS, P.: Theorie des Krieges. Clausewitz – Marx – Engels – Lenin. Stuttgart 1988

LUVAAS, J.: Clausewitz, Fuller and Liddell Hart. In: M. HANDEL (Hg.): Clausewitz and Modern Strategy. London und Totowa, N. J. 1986

–: Student as Teacher: Clausewitz on Frederick the Great and Napoleon. In: M. HANDEL (Hg.): Clausewitz and Modern Strategy. London und Totowa, N. J. 1986

MÜLLER, H.: Der Streit um die Entsendung Clausewitz' als preußischer Gesandter nach London 1819. In: Militärgeschichte 3 (1990)

MÜLLER, K. J.: Clausewitz, Ludendorff and Beck. Some Remarks on Clausewitz' Influence on German Military Thinking in the 1930s and 1940s. In: M. HANDEL (Hg.): Clausewitz and Modern Strategy. London und Totowa, N. J. 1986

MURRAY, W.: Clausewitz: Some Thoughts on What the Germans Got Right. In: M. HANDEL (Hg.): Clausewitz and Modern Strategy. London und Totowa, N. J. 1986

NELSON, H.: Space and Time in On War. In: M. HANDEL (Hg.): Clausewitz and Modern Strategy. London und Totowa, N. J. 1986

PARET, P.: Clausewitz. In: Makers of Modern Strategy. Princeton, N. J. 1986

–: Clausewitz und der Staat. Bonn 1991

PERLMUTTER, A.: Carl von Clausewitz. Enlightenment Philosopher: A Comparative Analysis. In: The Journal of Strategic Studies, March 1988, No. 1

PORCH, D.: Clausewitz and the French, 1871–1914. In: M. HANDEL (Hg.): Clausewitz and Modern Strategy. London und Totowa, N. J. 1986

PROEKTOR, D.: Clausewitz und die Gegenwart. In: Clausewitz, Jomini, Erzherzog Carl. Wien 1988

SCHÖSSLER, D.: Revolutionäre Praxis und ihre Theorie. Der moderne bewaffnete Konflikt bei Clausewitz. In: M. KAASE (Hg.): Politische Wissenschaft und politische Ordnung. Opladen 1986

–: Theorie und Praxis bei Clausewitz – Ein militärischer Revolutionär als Vorbild für die Bundeswehr? In: D. BALD (Hg.): Militärische Verantwortung in Staat und Gesellschaft. Koblenz 1986

–: Das Wechselverhältnis von Theorie und Praxis bei Carl von Clausewitz. In: Archiv für Geschichte der Philosophie, 71. Bd. 1989, H. 1

TASHJEAN, J. E.: Zum Kulminationsbegriff bei und nach Clausewitz. In: Clausewitz, Jomini, Erzherzog Carl. Wien 1988

TÜRPE, A.: Clausewitz zu den Ursachen des ‹Kriegsglücks› der Franzosen. In: Militärgeschichte 4 (1988)

–: Zur Friedenspolitik im Denken von Clausewitz und deren Relevanz für unsere Zeit. In: Clausewitz, Jomini, Erzherzog Carl. Wien 1988

–: Clausewitz über den Krieg. In: Krieg oder Frieden im Wandel der Geschichte. Berlin 1989

VAD, E.: Carl von Clausewitz. Seine Bedeutung heute. Herford 1984

VOLLRATH, E.: ‹Neue Wege der Klugheit›. In: Zeitschrift für Politik 1 (1984)

–: Das Verhältnis von Staat und Militär bei Clausewitz. In: Staatsverfassung und Heeresverfassung in der europäischen Geschichte der frühen Neuzeit. Berlin 1986

WALLACH, J. L.: Misperceptions of Clausewitz' On War by the German Military. In: M. HANDEL (Hg.): Clausewitz and Modern Strategy. London und Totowa, N. J. 1986

4.4. Ausgewählte Literatur ab 1992

BASSFORD, C.: Clausewitz in English. The Reception of Clausewitz in Britain and America 1815–1945. New York / Oxford 1994

CLAUSEWITZ-STUDIEN: Militärisch-wissenschaftliche Tagungen der Clausewitz-Gesellschaft in Koblenz und Berlin, = Jahresband 1997. Universität der Bundeswehr München

CREVELD, M. V.: Die Zukunft des Krieges. München 1998

ECHEVARIA II, A. J.: Understanding the Art of War: Clausewitz and Martial Principles. In: Clausewitz-Studien, Jahresband 1998, S. 51 ff.

HARTMANN, U.: Carl von Clausewitz. Erkenntnis – Bildung – Generalstabsausbildung. München 1998

HERBERG-ROTHE, A.: Das Rätsel Clausewitz. Politische Theorie des Krieges im Widerstreit. München 2001

HEUSER, B.: Clausewitz lesen. Eine Einführung. München 2005

MÜNKLER, H.: Die neuen Kriege. Reinbek 2002

–: Über den Krieg. Weilerswist 2002

ROSE, O., H.-U. SEIDT (Hg.): Alexander Swetschin – Clausewitz. Bonn 1997

SCHÖSSLER, D.: High Intensity – Low Intensity Conflict. Zur ‹Reichweite› der Clausewitzschen Kategorien bei der Analyse des modernen bewaffneten Konflikts. In: H. OBERREUTER, A. A. STEINKAMM, H.-F. SELLER (Hg.): Weltpolitik im 21. Jahrhundert. Wiesbaden 2004, S. 196 ff.

STUMPF, R.: Kriegstheorie und Kriegsgeschichte. Carl von Clausewitz. Helmuth von Moltke. Frankfurt a. M. 1993

Namenregister

Die kursiv gesetzten Zahlen bezeichnen die Abbildungen

Dank

Der langjährige geistige Austausch mit dem Mentor der internationalen Clausewitz-Forschung, Prof. Werner Hahlweg, lieferte den ermutigenden Hintergrund und die notwendige produktive Atmosphäre, in der mein Vorhaben sich zu entfalten vermochte. Meiner Frau danke ich für den letzten Anstoß, diese Clausewitz-Monographie auch wirklich zu schreiben. Die Mannheimer Arbeitsgruppe Internationale Politik und Strategieforschung, insbesondere Dr. R. Albert und F. Kostelnik, half bei der Organisation von Werkstattgesprächen – die Clausewitz-Gesellschaft e.V. arrangierte mehrere Koblenzer Fachtagungen. Frau Eva-Marie Lienau, Münster, hatte die Freundlichkeit, Teile des Manuskripts sorgfältig durchzusehen. Die Handschriftenabteilung der Universitätsbibliothek Münster – Frau I. Kießling, Herr Dr. Haller – war zur unbürokratischer Vermittlung entsprechender Vorlagen sogleich bereit. Meine Frau und mein Sohn bewiesen erneut Mitempfinden während der vielen Wochen heimgebundener Schreibtischarbeit. Dem Rowohlt Taschenbuch Verlag, der meine Arbeit so unermüdlich und kooperativ betreute, möchte ich an dieser Stelle nochmals herzlich danken. Ich widme das Buch Werner Hahlweg (1912–89), dem unvergessenen und unersetzbaren Kollegen.

Weinheim/Mannheim im Mai 1991   Dietmar Schössler

Über den Autor

Dietmar Schössler, 1937 in Nordhausen/Thüringen geboren, studierte in Tübingen, Heidelberg und Mannheim Soziologie und Politische Wissenschaft. Diplom (1967), Promotion (1971), Habilitation (1982) über die strategischen Beziehungen zwischen den USA und der UdSSR. Apl. Professor für Politikwissenschaft, insbesondere Internationale Politik und Strategieforschung an der Universität Mannheim (seit 1983). Die Clausewitz-Forschung im Zusammenhang eines ganzheitlichen, interdisziplinären Nachdenkens über die Dialektik von Krieg und Frieden ist seit Anfang der achtziger Jahre sein besonderes Anliegen. Zahlreiche Veröffentlichungen über Fragen der Internationalen Politik, der Strategie und Militärwissenschaft. Unter anderem: Bundeswehr und Reservisten, Regensburg 1978; Militärsoziologie, Königstein 1980; Militär und Politik. Das Sowjetunionbild in der sicherheitspolitischen Analyse, Koblenz 1983. Beiträge zur Clausewitz-Forschung u. a.: Das Wechselverhältnis von Theorie und Praxis bei Carl von Clausewitz, in: Archiv für Geschichte der Philosophie, 1/1989

Quellennachweis der Abbildungen

Archiv für Kunst und Geschichte, Berlin: 6, 14 / 15, 16 (Staatliche Schlösser und Gärten, Potsdam), 18, 19, 20, 28, 30 (Museum Schloß Fasanerie, Fulda), 32, 36 u., 38 (Musée de Versailles), 41, 44 / 45 (Musée Carnavalet, Paris), 46, 47 o., 51, 56, 59, 60, 61, 67, 68 / 69 (Musée de Versailles), 71, 75, 95 / Evangelische Kirchengemeinde Unser Lieben Frauen, Burg bei Magdeburg (Foto: Ernst Jäger, Burg): 8/9 / Aus: Theodor Fontane. Sein Leben in Bildern. Leipzig 1961: 23 / Geheimes Staatsarchiv Preußischer Kulturbesitz, Berlin: 29 / Bildarchiv Preußischer Kulturbesitz, Berlin: 33, 35, 47 u., 49 (Musée de Versailles), 73 o., 73 u., 77, 106 / Bilderdienst Süddeutscher Verlag, München: 36 o. / Privatsammlung: 50, 54, 102, 116, 124 / Aus: Gerhard Förster: Carl von Clausewitz. Ost-Berlin [2] 1989: 64 / Foto Hachette, Paris: 70 / Rowohlt Archiv: 90 / Ullstein Bilderdienst, Berlin: 108, 110, 111, 113, 131 / Universitätsbibliothek Münster: 96, 99, 136 / International Instituut voor Sociale Geschiedenis, Amsterdam: 117, 118 / Bild-Archiv Kultur und Geschichte (G. E. Habermann), München: 126 / Aus: China im Bild (Zeitschrift. Verlag für fremdsprachige Literatur, Peking): 128 / dpa Bilderdienst, Frankfurt a. M.: 132